LÍDERES POSMO

UN CURSO ENTERO CON LOS HÉROES DE LA BIBLIA

FÉLIX ORTIZ
ANNETTE Y TIM GULLICK

La misión de Editorial Vida es ser la compañía líder en satisfacer las necesidades de las personas, con recursos cuyo contenido glorifique al Señor Jesucristo y promueva principios bíblicos.

LÍDERES POSMO
Edición en español publicada por
Editorial Vida – 2012
Miami, Florida

© 2012 por Felix Ortiz

Edición: *Silvia Himitian*
Diseño interior: *Juan Shimabukuro Design*

RESERVADOS TODOS LOS DERECHOS. A MENOS QUE SE INDIQUE LO CONTRARIO,
EL TEXTO BÍBLICO SE TOMÓ DE LA SANTA BIBLIA NUEVA VERSIÓN INTERNACIONAL.
© 1999 POR BÍBLICA INTERNACIONAL.

Esta publicación no podrá ser reproducida, grabada o transmitida de manera completa o parcial, en ningún formato o a través de ninguna forma electrónica, fotocopia u otro medio, excepto como citas breves, sin el consentimiento previo del publicador.

ISBN: 978-0-8297-5981-5

CATEGORIA: Iglesia cristiana/Liderazgo

IMPRESO EN ESTADOS UNIDOS DE AMÉRICA
PRINTED IN THE UNITED STATES OF AMERICA

12 13 14 15 ❖ 6 5 4 3 2 1

CONTENIDO

AGRADECIMIENTOS		7
BIENVENIDA		9
ANTEPROYECTO DE PLANIFICACIÓN ANUAL		11
GUÍA DE LA GUÍA – LOS ELEMENTOS PARA DISEÑAR UNA REUNIÓN		13
GUÍA PARA DISEÑAR UNA REUNIÓN		21
Parte 1 - NOTAS DE ORIENTACIÓN		22
ESTUDIO 1	ADÁN Y EVA 1: ÉRASE UNA VEZ	23
ESTUDIO 2	ADÁN Y EVA 2: ¡INDEPENDENCIA!	27
ESTUDIO 3	ADÁN Y EVA 3: LA VERGÜENZA DE LA DESNUDEZ	31
ESTUDIO 4	ADÁN Y EVA 4: UN PROYECTO FRACASADO Y UN PROYECTO RESTAURADO	37
ESTUDIO 5	CAÍN: INDIFERENCIA	41
ESTUDIO 6	ENOC: UNA VIDA INTEGRADA	45
ESTUDIO 7	NOÉ: ¿HOSTILIDAD O COMODIDAD?	49
ESTUDIO 8	ABRAHAM: AL FIN Y AL CABO SE MERECEN SU SUERTE	53
ESTUDIO 9	LOT: DECISIONES Y CRITERIOS	57
ESTUDIO 10	ESAÚ: AL DESEO LOS FRENOS LE SIENTAN MAL	61
ESTUDIO 11	JOSÉ: MÁS VALE UNA RETIRADA A TIEMPO	65
ESTUDIO 12	SIFRÁ Y FUVÁ: ¿COLABORAR CON LA INJUSTICIA?	69
ESTUDIO 13	MOISÉS: HEME AQUÍ, ENVÍALO A ÉL	73
ESTUDIO 14	JOSUÉ: HAY COSAS QUE SON CLARAS COMO EL AGUA ¿O NO?	77
ESTUDIO 15	ACÁN: ECOSISTEMAS SOCIALES	81
ESTUDIO 16	JEFTÉ: PERO, ¿QUIÉN TE HA MANDADO SEMEJANTE BARBARIDAD?	85
ESTUDIO 17	SAMUEL 1: ¡OIGO VOCES!	89
ESTUDIO 18	SAMUEL 2: SI CHRISTIAN DIOR ELIGIERA REY	93
	LA PRESIÓN EN LA SOCIEDAD POSMODERNA	97
ESTUDIO 19	SAÚL: BAJO PRESIÓN	99
ESTUDIO 20	SADRAC, MESAC Y ABEDNEGO: NO APTO PARA LOS QUE NO SOPORTAN EL CALOR	103
	EL DESEO EN LA SOCIEDAD POSMODERNA	109
ESTUDIO 21	SANSÓN: VENTAJAS Y DESVENTAJAS DE SER IMPULSIVO	111
ESTUDIO 22	DAVID: UNA DE ADÚLTEROS Y ASESINOS	115
ESTUDIO 23	AMNÓN: SI NO LO LOGRO ME FRUSTRO, SI LO LOGRO TAMBIÉN	119

ESTUDIO 24 JONÁS: DE TURISMO AL SUR DE ESPAÑA	123
ESTUDIO 25 ACAB: DÉJAME QUE TE CUENTE MORENA	129
ESTUDIO 26 ISAÍAS: UTOPÍA	133

Parte 2 - DISEÑOS DE AUTOR — 137
RECETARIO — 139
EL TIEMPO CONCENTRADO — 145

EL PAPEL EDUCATIVO DEL TIEMPO CONCENTRADO	145
RETIRO DE LANZAMIENTO	145
ADÁN Y EVA 1	147
ADÁN Y EVA 2	151
ADÁN Y EVA 3	155
ADÁN Y EVA 4	159

CAMPAMENTO — 163
GRUPO GRANDE — 165

EL PAPEL EDUCATIVO DEL GRUPO GRANDE	165
REUNIONES DINÁMICAS PARA UNA SEMANA	167
CAÍN	167
ENOC	169
JEFTÉ	171
CIERRE Y CELEBRACIÓN - ISAÍAS	173

GRUPO PEQUEÑO — 175

EL PAPEL EDUCATIVO DE LOS GRUPOS PEQUEÑOS	175
PREGUNTAS PARA PROFUNDIZAR EL APRENDIZAJE Y LA APLICACIÓN	175

ACOMPAÑAMIENTO ESPIRITUAL — 179

EL PAPEL EDUCATIVO DEL ACOMPAÑAMIENTO ESPIRITUAL	179
UNA PROPUESTA PARA EL ACOMPAÑAMIENTO	180

SERVICIO — 181

EL PAPEL EDUCATIVO DEL SERVICIO	181
LA CREACIÓN E IMPLEMENTACIÓN DE UNA ESTRATEGIA DE INTERVENCIÓN EN LA COMUNIDAD	181
NOÉ	183
ABRAHAM	187

AGRADECIMIENTOS

Gracias

Félix:

A Sara, mi compañera de vida y seguimiento de Jesús durante más de treinta años, por su paciencia y apoyo incondicional.

A la comunidad de monjes benedictinos del Monasterio de Montserrat en Barcelona que durante más de veinte años me han provisto de hospitalidad para poder pasar tiempo con Jesús y profundizar en su seguimiento.

Tim y Annette:

A las familias Bousoño y Roberts, nuestros muy queridos hospedadores en Buenos Aires.

A nuestro equipo de apoyo, entre ellos nuestros editores Dora Luz Flores, Lorena Venegas, Loida Mejias, y a Aiko Yonamine, por ser un ayudante de cátedra de lujo.

BIENVENIDA

***Líderes Posmo* no es como los demás libros acerca del liderazgo.** No habla de cómo debería ser un líder, sino que provee las herramientas concretas para que tu destreza en la práctica del liderazgo juvenil se incremente. Está diseñado para producir un liderazgo que implemente los principios de la pastoral juvenil en el propio grupo a través de métodos eficaces para suplir las necesidades de los jóvenes o adolescentes con los que se trabaja, y que a la vez, resulte apropiado para el contexto único y singular. El libro apunta a formar en el líder los siguientes hábitos:

- Estudiar los textos originales para interpretarlos rectamente.
- Aplicar las verdades trascendentes de la Biblia a la problemática real de las personas con las que trabaja.
- Utilizar los cinco acercamientos educativos en el programación anual.
- Planificar los encuentros educativos de tal forma que cumplan con objetivos puntuales.
- Aplicar el diálogo y todos los estilos de aprendizaje en el proceso de la enseñanza.

Tu primera asignación: Lee las descripciones de los dos grupos juveniles estereotipados e identifica a cuál se parece más el tuyo:

A. Lo que se define antes de cada encuentro es el formato en el que se llevará a cabo cada reunión (sea campamento, grupo pequeño o reunión de jóvenes), respetando el mismo orden de actividades: juegos, alabanza, ofrenda, enseñanza, ministración. La enseñanza es unidireccional. Consiste en que alguien se pare y hable. Los contenidos tienen poca o ninguna relación con los de la semana anterior o de la próxima, y cualquier vinculación con las necesidades y problemática de la audiencia se debe a la intuición del orador.

B. Lo que se define antes de cualquier encuentro es lo que se espera lograr en cuanto a conocimientos, convicciones y conductas de los participantes. Estos objetivos apuntan a cambios que no se pueden lograr sin la participación activa del joven o adolecente, por lo que el liderazgo diseña un conjunto de actividades que proveen todo lo necesario para que él o ella realice esas modificaciones en su vida de acuerdo con sus capacidades, necesidades y deseos.

Si ves reflejado a tu grupo en el punto A, tienes por delante una experiencia emocionante. Tu ministerio será impactado de una manera que hasta ahora solo imaginabas en sueños, pero también serás desafiado por las nuevas ideas y formas de trabajo. Sugerimos que leas con cuidado y sigas atentamente las indicaciones presentadas. Al principio, la nueva dinámica puede provocar que tanto líderes como participantes se sientan incómodos, pero confía en los principios y aprende a manejar los diseños. Con el tiempo todos se acostumbrarán. Adquirirás nuevas destrezas, despertarás tu creatividad y descubrirás nuevas fortalezas y pasiones en ti y en la gente con la que trabajas.

Si ves reflejado a tu grupo en el punto B, ¡felicidades! Este libro será un tesoro de ideas y recursos que van más allá de los tópicos normales evangélicos. Ellos te permitirán desarrollar en los jóvenes y adolescentes con los que trabajas la habilidad de cerrar la brecha que existe entre la complejidad y los desafíos de su vida y la Biblia, para que lleguen a ser agentes de restauración en este mundo roto.

LIDERES POSMO se compone de dos apartados: El primero se centra en tu relación con el texto bíblico, y el segundo, en tu interacción con los jóvenes y adolescentes con los que trabajas.

PARTE 1 - LAS NOTAS DE ORIENTACIÓN apuntan a la comprensión de la Palabra de Dios y su aplicación a la problemática de hoy. Para cada uno de los veintiséis personajes se presentan:
- Sugerencias sobre objetivos
- Un texto bíblico base

- Un resumen de la idea clave
- Un comentario de texto bíblico
- Las implicaciones para la vida del creyente

PARTE 2 - LOS DISEÑOS DE AUTOR contienen las herramientas prácticas relacionadas con las actividades que llevarás acabo con los jóvenes y adolecentes. Están organizadas de acuerdo con los principios que se desarrollan en el libro *Raíces: Pastoral juvenil en profundidad,* de Félix Ortiz, Annette Gulick y Gerardo Muniello. Puedes implementar los estudios aunque desconozcas los principios, pero si decides repasarlos, es posible usar el texto de *Raíces* o las clases animadas que se encuentran en la página de Internet: http://www.especialidadesjuveniles.com/raices.

En el ministerio de Jesús observamos que utilizó una variedad de acercamientos educativos:

En esta segunda parte del libro encontrarás una breve descripción del valor educativo de cada uno de los acercamientos, algunas guías listas para usar con el grupo y un recetario con ideas para ayudarte a armar tus propios diseños utilizando una variedad de estilos de aprendizaje y una modalidad de enseñanza que fomente la participación activa de cada individuo.

¡Que este material sea de edificación para ti como seguidor de Cristo y como líder, y para tu grupo!

ANTEPROYECTO DE PLANIFICACIÓN ANUAL

Líderes Posmo busca la armonía entre la planificación, la capacidad de responder a la guía del Espíritu, y las necesidades y oportunidades que emerjan. El poco tiempo que dediques a los siguientes pasos te va a permitir diseñar un proyecto general para el año que se pueda adaptar sobre la marcha.

1. **Ten a mano un calendario anual que muestre los doce meses de un vistazo.**
   Usa un calendario del año escolar si tu programación sigue ese ritmo.

2. **Anota las actividades permanentes o habituales del grupo.**
   Estas actividades (vacaciones, Navidad, Semana Santa, día del amigo, conferencias anuales) sirven para lograr objetivos adicionales a los que aparecen en esta serie.

3. **Asigna fechas para los grandes bloques**

   - *El retiro de lanzamiento* – Es preferible, aunque no estrictamente necesario, que sea al principio de la serie de estudios.

   - *La campaña de intervención en la comunidad* – Aprovecha el espacio que se genera entre las dos actividades y tiempos concentrados para impulsar esta iniciativa. El diseño abarca dos reuniones de grupo grande más la ejecución del plan que el grupo crea conveniente.

   - *El campamento* – Generalmente se extiende una semana durante las vacaciones de verano o invierno.

   - *Cierre y celebración*

4. **Establece la continuidad**
   Asigna fechas tentativas para los estudios restantes. Puedes usar los siguientes criterios u otros que consideres convenientes:

- Repasa los objetivos de todos los personajes, toma nota de los que crees que están más relacionados con las necesidades de tu grupo y dales prioridad. Los temas más pertinentes o que implican un cambio profundo de convicciones y conductas pueden exigir más tiempo y enfoque que otros. Proporciónalo pasando más de una semana en el tema, ya sea agregando otro personaje que aborde la temática u ocupando dos semanas con el mismo personaje.

- Realiza los estudios de forma cronológica, empezando con los de los diseños de autor para grupo grande a fin de familiarizarte con el formato.

GUÍA DE LA GUÍA

LOS ELEMENTOS PARA DISEÑAR UNA REUNIÓN

Debido a que entendemos el liderazgo como «el arte de lograr que las cosas se hagan a través de la gente» (*Raíces*), diseñamos este libro pensando en el proceso de formación de un artista. Lo primero que aprende un artista en formación es el manejo de los elementos básicos como dibujo, diseño, teoría e historia del arte, técnicas de los materiales. Cuando demuestra su destreza con ellos se le asignan tareas que integren esos elementos para que vaya desarrollando su propio estilo. Este capítulo es la descripción sintética del «plan de estudios» y una explicación de la *Guía para diseñar una reunión*, que será el lienzo sobre el que vas plasmar los trazos de las actividades que llevará tu grupo al crecimiento.

La «teoría y la historia» de la pastoral juvenil provienen del ministerio de Jesús. El libro *Raíces: Pastoral juvenil en profundidad* desarrolla los principios que se deducen a partir de su ministerio. *Líderes Posmo* se construye sobre estos fundamentos y supone conocimientos, convicciones y conductas relacionados con esos principios, por ejemplo que el líder:

- Tiene en claro el propósito último de la pastoral juvenil y lo persigue por medio de un proceso de formación, y no solo a través de actividades rutinarias o eventos sin continuidad (*Raíces*, Capítulos 4, 5).

- Sabe descubrir las necesidades de las personas con las que trabaja (*Raíces*, Capítulo 20).

- Trabaja con un equipo de liderazgo (*Raíces*, Capítulo 16).

- Entiende el rol de la familia, la iglesia y el liderazgo en la pastoral del adolescente (*Raíces*, Capítulos 26, 27).

- Valora y se ocupa de los acercamientos educativos que usó Jesús en su ministerio (*Raíces*, Módulo 4).

- Es capaz de diseñar y ejecutar una estrategia para el proceso de formación (*Raíces*, Capítulo 22).

Un buen cimiento hace que una construcción resulte estable y duradera, pero ningún arquitecto termina allí su tarea. De igual forma, aunque el líder juvenil tenga un buen fundamento para su pastoral, precisa de materiales para la puesta en práctica semana tras semana. Los autores de *Líderes Posmo* son muy selectivos a la hora de elegir y usar estos materiales debido a una actitud consonante con el consejo de Mark Oestreicher, autor de gran cantidad de estudios para adolescentes y de libros para líderes juveniles: «No me escuches a mí (o a cualquier otro "experto" en ministerio juvenil) cuando te decimos lo que debes hacer. Es posible que estimulemos tu pensamiento o imaginación (lo que está muy bien), pero cada uno, tanto tú como yo, tiene que cultivar una vida marcada por el discernimiento espiritual y la contextualización orgánica cuando se trata de nuestro abordaje, modelos y métodos». whyismarko.com , *Innovations I'm convinced are needed in youth ministry* [Innovaciones necesarias en la pastoral juvenil].

Este comentario esboza los contenidos de esta parte del libro:

- **Estimular el pensamiento e imaginación:** Para esto existen los diseños detallados para los diversos acercamientos educativos. Puedes verlos como recetas de cocina que indican ingredientes y traen las instrucciones paso a paso, pero aun así hace falta el desempeño del chef para que salgan bien.

- **Cultivar una vida marcada por el discernimiento espiritual:** Si sigues con cuidado los pasos del *Trabajo previo*, entrarás en contacto profundo con la Palabra de Dios, el verdadero tesoro de sabiduría y conocimiento.

- **Practicar la contextualización orgánica:** Jonathan Peralta define la contextualización como «el arte de que algo tenga una significación profunda y específica dentro de un propio contexto, entorno o hábitat», y contrasta este principio biológico de adaptación al medio ambiente con lo artificial, lo no orgánico. Para incentivarte a la contextualización no proveemos un diseño completo para cada reunión, sino que te proporcionamos todos los elementos que necesitas: *Los objetivos* para cada tema, la *Guía para diseñar una reunión* y un *Recetario de ideas* para crear encuentros que respondan perfectamente a tu contexto único, a las características de los participantes (cantidad, edad, contexto familiar, social y educacional o laboral, madurez espiritual) y las características de la actividad (si se lleva a cabo en una Escuela Dominical, grupo de jóvenes, reunión de célula; cuánto tiempo dura; recursos tecnológicos disponibles).

¡A trabajar!

TRABAJO PREVIO

Las siguientes convicciones y conductas diferencian a un «pastor» que se preocupa por la formación de sus ovejas, de un «asalariado» que se conforma con cumplir una función asignada:

Convicción: El verdadero educador percibe que su vida es lo que más influye sobre los demás. Medita en el tema que se va a tratar y lo interioriza para abordarlo desde la autenticidad y no con palabras huecas.

Convicción: El verdadero educador está persuadido de que la educación es imposible sin la participación voluntaria y activa de la persona. Diseña ambientes y actividades que fomenten no solo la participación, sino también el interés de cada persona para que se involucre con el tema.

Estas convicciones impulsan al líder a preparar una reunión que va mucho más allá de un «culto», «tema» o «meditación». La elaboración empieza trabajando los contenidos, pero pronto pasa a una interacción de estos contenidos con las necesidades únicas que tienen las personas que forman parte del proceso educativo. Es posible agregar otros pasos más a la siguiente lista, pero sugerimos no saltear ninguno de los mencionados.

1. *Familiarizarse con el pasaje bíblico*
2. *Leer las notas de orientación*
3. *Anotar de los puntos más pertinentes para el propio grupo.* Un punto es «pertinente» cuando se conecta con alguna problemática que enfrentan los jóvenes o adolescentes que participan en la reunión. Por ejemplo: Las notas mencionan que Jefté no sabía que a Dios no le agradaba el sacrificio de su hija. Mis adolescentes se conforman con lo que otros les dicen acerca de Dios, y como no saben de primera mano quién es Dios y qué quiere de ellos, viven con expectativas y cargas que no provienen de Dios.

4. ***Identificar los objetivos que se quieren lograr.*** Las notas de orientación para cada personaje cuentan con una lista de objetivos propuestos. Entendemos que en muchos casos abarcan más de lo que se puede lograr en una sola reunión, así que tienes que elegir cuáles de ellos deseas alcanzar. En otras ocasiones los puntos pertinentes que anotaste señalarán necesidades que no se reflejan en los objetivos ya elaborados y resultará necesario identificar algunos nuevos para suplir las demandas únicas de tu grupo. Si trabajas bien este paso de discernimiento espiritual, verás que la planificación de las actividades se facilita al tener en claro lo que se quiere lograr. Sugerimos que tus objetivos cumplan con las siguientes características:

   - **Que sean específicos.** Que apunten a algo concreto que se pueda identificar y medir en vez de a algo general. Que marquen un camino concreto.

   - **Que sean puntuales.** Que se orienten a un cambio pequeño que se pueda lograr en vez de uno tan grande que sea necesario trabajarlo toda la vida.

   - **Que sean interesantes.** Que despierten el interés y de esta forma provoquen que los participantes se apropien de ellos.

   - **Que sean exigentes.** Que requieran una actividad; que la persona tenga que crecer, cambiar, madurar.

   - **Que sean fructíferos.** Que la gente reciba beneficios concretos y que el facilitador pueda verificar los resultados.

   - **Que sean respetuosos.** Que tomen en cuenta el estado y el proceso de la gente que participa; que resulten adecuados para su edad, temperamento, condición espiritual; y que no les exija más de lo que pueden dar.

5. ***Completar la Guía para diseñar una reunión de acuerdo a tus objetivos y las características de tu contexto.*** Para acompañar las guías que te proveemos encontrarás hojas de trabajo, guiones para dramas, y otras ayudas en la página web www.especialidadesjuveniles.com/lideresposmo. Para lo que tienes que diseñar, usa el Recetario como disparador

de ideas. No caigas en una rutina, la sorpresa, la variedad y la participación de acuerdo con los intereses y talentos de la gente deben ser las características de tus reuniones.

6. ***Ponerle a la activad un buen título***. Un buen título «abre el apetito» para los contenidos y ayuda a que se entienda la relación que existe entre el personaje bíblico y la vida cotidiana. Este paso también le sirve al líder porque le permite identificar por qué ese tema es pertinente para el grupo. Si no ves una aplicación para ello, no lo enseñes. Si la ves, destácala con creatividad. A continuación te pasamos algunas pautas:

   - Ve más allá de la jerga cristiana habitual
   - Sé creativo
   - Comunica los beneficios del tema en vez de sus características
   - Apela a los deseos o emociones
   - Propón ayuda o una solución a un problema
   - Lanza una pregunta provocativa

FORMATO DE LA REUNIÓN

Sugerimos un esquema de reunión compuesto de cuatro partes que responden a los cuatro géneros de actividades educativas expuestos por la educadora Jane Vella. Cada uno cumple una función básica en el proceso de aprendizaje por lo que recomendamos incorporar cada uno de ellos en todos los encuentros de forma deliberada, aunque sea brevemente. Familiarízate con el propósito de cada parte para que las actividades que realizas apunten a él y a la larga les proporcione a los participantes todo lo necesario en cuanto a conocimiento, convicciones y conductas para cumplir con los objetivos del encuentro.

1. **Conectar - ¿Por qué me debe interesar?**

Propósito:
   a. Captar la atención y el interés de los participantes
   b. Crear un vínculo entre el tema y la realidad de ellos: sus necesidades, motivaciones, experiencias, conocimientos, y creencias.

Nos conviene recordar que hay muchos motivos por los que las personas vienen a una reunión juvenil y es muy posible que el deseo de aprender lo que hemos decidido compartir no figure entre ellos. El líder de jóvenes tiene la responsabilidad de ayudar a los chicos a interesarse en el tema por medio de una actividad que despierte su interés y los motive a comprometerse con lo que desea que aprendan. Al fin y a cabo, si ellos no se comprometen, no podemos lograr los objetivos, como nos lo recuerda la referente en el aprendizaje participativo Jane Vella: «En la física de la educación, sabemos que una persona no puede mover a otra, la única que puede mover a una persona es él o ella misma» (*Taking learning to task: Creative strategies for teaching adults* [Tomar el aprendizaje como una tarea: Estrategias creativas para la enseñanza de adultos]).

2. Contenidos - ¿Qué me hace falta?

Propósito: *Ampliar el manejo del tema por medio de aportes novedosos*

El propósito último de la pastoral juvenil no es que los jóvenes y adolescentes acumulen más información acerca de la Biblia, sino ayudarlos a pensar y vivir como Jesús (*Raíces*, Capítulo 4: *El propósito de la pastoral juvenil*). Los contenidos necesarios para lograr este fin provienen de la Biblia, sin embargo tienen que trasmitirse de una forma en la que los participantes aprecien de qué manera la Biblia se aplica a las situaciones que enfrentan en su vida cotidiana. *Parte 1: Las notas de orientación* apuntan a esto.

3. Concretar - ¿Cómo funciona?

Propósito:

a. Proveer al participante la oportunidad de seguir explorando los nuevos contenidos para que compruebe su manejo del tema al practicarlo en un ambiente seguro.

b. Permitir al líder corroborar la comprensión de los participantes.

No debes confundir este paso con el de la aplicación. Antes de pedir que los participantes identifiquen qué significa el mensaje para su vida, nos conviene asegurarnos de que se ha logrado con éxito la transmisión del mensaje. La forma de verificarlo es hacerlos participar de una actividad que los obligue a utilizar la información que recibieron. Vella explica que este momento de la clase ofrece la oportunidad de revisar e integrar los conceptos, ejercer las habilidades, y examinar y poner en práctica nuevas actitudes dentro de la reunión. (Obra citada).

Actividades sencillas de este tipo pueden ser: responder a una pregunta abierta, dibujar algo que ilustre los nuevos aportes, crear un mini-drama en el que se interpreten roles o soluciones que hacen visibles el nuevo entendimiento. Pero es preciso que haga partícipes a todos de manera activa, por lo que es preferible realizarlas en parejas o en grupos pequeños. Al finalizar este momento tanto los participantes como el líder tendrán la confianza de que se ha logrado el aprendizaje porque han visto una demostración de ello.

Alerta: Al principio, cuando los líderes comprueban el aprendizaje de esta forma es común que se sientan frustrados al enfrentarse con la gran brecha que existe entre el mensaje que querían transmitir y lo que en realidad se comprendió. Es tentador «matar al mensajero» y dejar de usar actividades que resalten las deficiencias tanto del emisor como de los receptores. ¡Resiste esta tentación! Con humildad evalúa las variables, sondea a los participantes e identifica los ajustes que puedes implementar para el próximo encuentro. Consuélate en la promesa de Jesús: «Pero toda rama que da fruto la poda para que dé más fruto todavía» (Juan 15:2).

4. Cambio - ¿Y ahora qué?

Propósito: *Posibilitar que los participantes identifiquen cómo aplicar lo aprendido a su realidad.*

El diseño de la reunión precisa que ayudemos a los jóvenes a ser hacedores y no solamente oidores (Santiago 1:22-25). Una vez que los participantes han comprobado su manejo del tema, hace falta que se apropien de ello. Hay que tomar en cuenta las siguientes actividades relacionadas con este momento de la reunión:

a. Reflexionar en lo aprendido

b. Identificar cómo se aplica a su vida

c. Comprometerse con los cambios que lo aprendido implicará en su vida, ya sea en sus acciones, actitudes, creencias o valores

d. Pedir la ayuda de Dios para llevarlo a la práctica

Evaluación

Después de cada reunión aparta unos minutos para completar la última parte de la *Guía*. Considera: ¿Se lograron los objetivos? ¿Qué contribuyó a esto? ¿Qué obstaculizó el proceso? ¿Qué hiciste bien? ¿Qué crees que hubieras podido mejorar? ¿Qué ajustes quieres hacer de cara al futuro? Nota: 1) Si trabajas en equipo, realiza la evaluación con ellos, 2) no pases por alto comprobar tus opiniones con las de los participantes, porque al final los objetivos dependen de que se produzcan cambios en la vida de ellos.

GUÍA PARA DISEÑAR UNA REUNIÓN

TÍTULO:

Trabajo previo: ☐ Leí el texto bíblico completo ☐ Leí las notas de orientación

Puntos de la lectura más pertinentes en relación con la problemática que enfrentan los participantes de la reunión.

Objetivos:

Formato de la Reunión:

1. Conectar

2. Contenidos

3. Concretar

4. Cambio

Recursos Necesarios

Evaluación Posterior:

Parte 1 – NOTAS DE ORIENTACIÓN

Para cultivar el discernimiento espiritual y la contextualización orgánica, tu primer recurso tiene que ser el texto bíblico. La variedad de elementos de *Las notas de orientación* te apoyarán en el proceso de estudiarlo y hallar en ello las verdades trascendentes pertinentes a la problemática real de las personas con las que trabajas.

Las *Ideas clave* y *Objetivos* proporcionan una visión general de cada estudio para elegir el que precises de acuerdo a las necesidades de tu grupo.

El *Texto base* identifica el pasaje especifico en el que se centra el estudio. Una vez que hayas leído este texto, puedes revisar los comentarios acerca del mismo y las implicaciones que tiene para la vida actual.

El ícono que aparece junto al título de cada estudio indica dónde es posible encontrar el *Diseño de autor* correspondiente. Recuerda que ellos tienen como fin estimular tu creatividad y aumentar tu competencia en el uso de los elementos de la *Guía para diseñar una reunión*; no son un sustituto de tu propio trabajo.

ADÁN Y EVA 1: ÉRASE UNA VEZ

Estudio 1

TEXTO BASE: Génesis 1 y 2   TIEMPO CONCENTRADO

IDEA CLAVE:

Fuimos creados para tener una relación significativa con Dios. Nuestro primer estado se caracterizaba por la armonía que reinaba en todas las dimensiones de la experiencia humana.

OBJETIVOS

DE CONOCIMIENTO

- Conocer el significado de la palabra cosmogonía
- Ser capaz de ubicar la cosmogonía judeocristiana
- Exponer ante otros qué significa mantener *una relación significativa*
- Explicar *las cuatro dimensiones de la armonía* que caracterizaban el estado primitivo del ser humano

DE CONVICCIONES (VERDADES INTERIORIZADAS)

- Reconocer que tener una relación significativa implica la posibilidad de decir **«no»**
- Ser consciente de que Dios invita pero nunca fuerza
- Asumir que el estado para el que hemos sido creados es el de armonía

DE CONDUCTAS

- Analizar la propia vida a la luz de la armonía para la que uno ha sido diseñado
- Verbalizar los resultados de ese análisis

DEFINAMOS LA PALABRA

Desde siempre el ser humano ha tratado de darle una explicación al origen del mundo, el universo y la humanidad. Hay explicaciones de diferentes tipos, científicas, filosóficas y religiosas. Estas últimas reciben el nombre de cosmogonías, palabra compuesta que proviene del griego y que significa literalmente «nacimiento del universo».

Todas las religiones tienen su cosmogonía, y la judeocristiana la encontramos en el libro de Génesis, de forma más específica en los cuatro primeros capítulos. En ellos hallamos respuesta (siempre desde un punto de vista religioso) a las preguntas fundamentales del ser humano: ¿Quiénes somos? ¿Por qué el mundo en el que vivimos es como es? ¿Por qué vivimos y actuamos del modo en que lo hacemos? ¿De dónde proceden los estados emocionales que experimentamos? ¿Por qué vivimos una experiencia humana tan compleja y, a menudo, difícil?

Los cuatro primeros capítulos del primer libro de la Biblia constituyen el fundamento de nuestra explicación acerca del origen del universo y del estado actual del mundo y la humanidad. Sin estos capítulos nos sería imposible tener una perspectiva cristiana de ambas realidades y, a la vez, dar razón de nuestra propia experiencia como seres humanos.

UNA RELACIÓN SIGNIFICATIVA

Vemos en el texto bíblico que Dios creó al ser humano para que tuviera una relación significativa con él. Es importante comprender que para que un vínculo posea esa dimensión significativa ha de tener ciertas características. Una de ellas es que debe ser deseada por ambas partes, es menester que sea consentida por los que participarán de la relación, tiene que ser voluntaria y ofrecer la posibilidad de decirle «**no**» a aquel vínculo.

Para ilustrarlo de alguna manera podríamos mencionar que un hombre puede poseer por la fuerza el cuerpo de una mujer y obligarla a tener sexo con él. Esta clase de relación no resultaría significativa porque las características mencionadas más arriba no estarían presentes en ella. Un hombre puede tomar con violencia el cuerpo de una mujer, sin embargo, nunca podrá poseer su corazón, ya que ha de ser entregado de forma voluntaria.

Dios deseaba tener una relación significativa con el ser humano, lo que implicaba la posibilidad de que él no deseara esa relación y le dijera «**no**» al Señor rechazando su invitación. Ciertamente podríamos haber sido creados de tal manera que tuviéramos que responder de forma mecánica o automática a la invitación de Dios, pero, nuevamente, esto no dejaría espacio para la relación significativa. No podemos forzar a nadie a ser nuestro amigo, podemos invitar, brindar la mano, pero nunca obligar. Ese es el riesgo y el valor intrínseco que están presentes en una relación significativa: la posibilidad de que sea aceptada o rechazada.

EL ESTADO PRIMITIVO

Luego de considerar que el ser humano fue creado con ese propósito y esa capacidad de rechazar la posibilidad de mantener una relación con Dios, al acercarnos al libro de Génesis observamos que el estado primitivo del hombre y la mujer se caracterizaba por la armonía. Una *armonía* que poseía cuatro vertientes o dimensiones.

La primera tenía que ver con la relación con Dios. Vemos en el texto que el ser humano mantenía una comunión y comunicación dinámica, abierta y fluida con Dios. La segunda área en donde se hacía presente esta armonía era en la relación del hombre y la mujer con ellos mismos. El ser humano tenía una conformidad interna que no estaba alterada por ningún estado de ánimo autodestructivo. El tercer aspecto en el que observamos este estado era en la relación armónica que Adán y Eva mantenían entre sí. Por último, ellos gozaban de una abierta armonía con el resto de la creación. Dios mismo les había encomendado la responsabilidad de cuidar y proteger su obra al constituirlos como administradores o mayordomos de la creación.

Estudio 2

ADÁN Y EVA 2: ¡INDEPENDENCIA!

TEXTO BASE: Génesis 3 TIEMPO CONCENTRADO

IDEA CLAVE:
El ser humano rechazó la relación que Dios le ofrecía y se rebeló contra él declarándose independiente y sustrayéndose de su jurisdicción.

OBJETIVOS

DE CONOCIMIENTO

- Explicar de qué manera el querer ser igual a Dios se relaciona con decidir por uno mismo qué es el bien y qué es el mal
- Saber definir qué es el pecado y cuál es la diferencia entre la raíz y los síntomas

DE CONVICCIONES (VERDADES INTERIORIZADAS)

- Darse cuenta de que la tentación de ser igual a Dios siempre está presente en la vida de uno
- Ser consciente de que el pecado es una cuestión de corazón, no de conducta únicamente

DE CONDUCTAS

- Analizar el estado del corazón, valorar si sigue siendo un corazón rebelde a la luz del Salmo 139:23 y 24

TENTACIÓN

En el tema anterior dejamos a Adán y Eva en un estado de armonía en todas sus relaciones, con Dios, consigo mismos, entre ellos y con la creación. Pero el panorama se modifica en Génesis capítulo 3, allí aparece la serpiente que le hace una propuesta a Eva.

La mujer es tentada con un ofrecimiento difícil de rechazar, *ser igual a Dios*. Desde ese momento aquella tentación ha sido una constante en la experiencia humana. El texto nos indica que si aceptaban la propuesta podrían conocer por ellos mismos el bien y el mal. Es importante destacar que ellos ya conocían el bien y el mal pues el mismo Dios se los había comunicado al decirles: «*si comes, morirás*». El ser igual a Dios implicaba que ellos podrían decidir por sí mismos, al margen del Señor, lo que estaba bien y lo que estaba mal. En su sentido más profundo esta es una prerrogativa de la divinidad.

Si ellos decidían por sí mismos el bien y el mal ¿Qué criterios utilizarían? Si ya no había un árbitro externo que estableciera lo correcto y lo incorrecto, si ellos eran en sí mismos la fuente del bien y del mal, ¿cómo lo determinarían? ¿Cómo lo haríamos nosotros? Pues parece bastante sencillo, no sería malo aquello que nos apeteciera o nos conviniese. Del mismo modo, no sería bueno aquello que fuera en contra de nuestros deseos, intereses o voluntad. Al no haber fuente externa de autoridad, la decisión estaría en nuestras manos y los criterios antes mencionados nos guiarían en la toma de decisiones. La Biblia, en el libro de los Jueces, lo explica claramente: «*En aquella época no había rey en Israel; cada uno hacía lo que le parecía mejor*» *(21:25)*. Más claro no puede ser, cuando no hay autoridad externa cada uno hace lo que bien le place.

EL PECADO

La tentación se consumó o plasmó en un acto de desobediencia al mandato de Dios de no comer de aquel árbol. Fue una rebelión contra la autoridad soberana del Señor. Constituyó una declaración de independencia, una determinación de sustraerse de la jurisdicción de Dios y de su autoridad. Fue, en definitiva, ceder a la tentación de constituirse en dioses ellos mismos.

Desobediencia, rebelión, independencia. Es importante retener estas palabras porque nos muestran la esencia de lo que es el pecado. El pecado, en la Escritura, nunca es lo que hacemos o dejamos de hacer, esos son los resultados, los síntomas. El pecado es siempre la actitud que el ser humano toma ante Dios y su autoridad, esa es la raíz de todo.

Como sucede con las enfermedades, es muy importante no confundir los síntomas con la raíz de la dolencia. Aquellos nos permiten diagnosticar un problema más profundo que es la causa de la sintomatología evidente. Tratar los síntomas sin determinar su origen o razón puede resultar muy peligroso pues no ataca el foco de la enfermedad, y puede incluso resultar letal.

El pecado es un problema de corazón, no de conducta. Esta última solo pone de manifiesto un problema más profundo en el corazón del ser humano. Para la concepción hebrea del mundo, el corazón es el centro de control de la vida y, tal y como decía Jesús, es de allí de donde sale todo aquello que nosotros, alegremente, definimos como pecado (Mateo 15:17-19).

Es por eso que cuando nos convertimos le pedimos a Dios que entre en nuestro corazón. Por eso mismo el cambio que el Señor espera del ser humano tiene que ver con transformar el corazón de piedra en uno nuevo, sensible, receptivo, entregado a él (Ezequiel 11:18-20).

Cuando únicamente nos centramos en la conducta nos volvemos moralistas y es posible que dejemos intacto el problema de fondo, el corazón rebelde e independiente de Dios. Podemos afectar el exterior sin experimentar ningún cambio el interior.

Así pues, en nuestro avance por la cosmogonía cristiana hemos visto que Adán y Eva, que vivían en un estado de armonía, fueron tentados con ser iguales a Dios y decidieron ceder declarándose independientes del Señor y de su autoridad soberana.

Estudio 3

ADÁN Y EVA 3: LA VERGÜENZA DE LA DESNUDEZ

TEXTO BASE: Génesis 3 y 4 TIEMPO CONCENTRADO

IDEA CLAVE:

Adán y Eva comenzaron a experimentar las consecuencias de su rebelión; su relación con Dios y consigo mismos se fracturó. La relación entre los seres humanos y la relación con la creación también se quebraron como consecuencia de la sedición.

OBJETIVOS

DE CONOCIMIENTO

- Ser capaz de explicar cómo se evidencia en el texto bíblico:
  a. La ruptura en la relación del hombre con Dios
  b. La ruptura del ser humano consigo mismo
  c. La ruptura en la relación entre los seres humanos
  d. La ruptura en la relación del ser humano con la creación

DE CONVICCIONES (VERDADES INTERIORIZADAS)

- Asumir que la culpa hace que uno huya de Dios
- Ser consciente de que la rebelión contra Dios es la razón del propio conflicto interior
- Darse cuenta de que el pecado quiebra las relaciones y hace que unas personas abusen de otras
- Percibir que hemos dejado de ser administradores y nos hemos convertido en depredadores

DE CONDUCTAS

- Analizar en qué medida se evidencian las cuatro rupturas en la experiencia de cada uno como ser humano

RUPTURA EN LA RELACIÓN CON DIOS

No olvides que Génesis 1 al 4 describe la cosmogonía judeocristiana. Recuerda también que en el estudio anterior vimos que Adán y Eva se rebelaron contra Dios y se declararon independientes con respecto a su autoridad ¿Qué pasó a continuación, cuáles fueron las consecuencias?

La primera consecuencia que se produjo fue una ruptura en la relación que el ser humano mantenía con Dios. Antes era franca y abierta. Ahora Adán y Eva huían de la presencia del Señor y se escondían. ¿Por qué se escondían? Porque se sentían culpables, y se sentían culpables simple y sencillamente porque lo eran. Habían desobedecido, se habían rebelado y tenían plena conciencia de ello.

Desde entonces la huída se ha convertido en una vieja táctica del ser humano para manejar el problema de la culpa. Hablar de Dios nos inquieta, nos incomoda porque nos enfrenta con nuestra realidad de culpa y rebelión; y escapar es una estrategia que utilizamos para pilotear la incomodidad que nos provoca. En el Evangelio de Juan 3:16-21 vemos descrita claramente esta pauta de acción del ser humano. Cuando Dios nos confronta con nuestra realidad, en vez de aceptarla y hablar al respecto, decidimos huir.

Cuando Dios lo interrogó con respecto a la razón de su huida, el hombre respondió que la causa era la desnudez. Interesante respuesta, pues Adán y Eva estaban desnudos antes y después de la desobediencia. No creo que tuviera ninguna connotación sexual, como algunos autores han señalado. Es más bien un tema relacionado con la transparencia.

Antes de su rebelión, el ser humano era y podía ser totalmente transparente con Dios, pues no había nada que ocultar. Después de la desobediencia la situación cambió. Adán y Eva ya no podían estar ante la presencia de Dios con total transparencia, pues existía algo que esconder: la desobediencia. El problema es que el Señor observa, examina el interior, nada se escapa a su examen y, consecuentemente, ante su presencia estamos siempre desnudos, somos totalmente transparentes, no hay nada que le sea oculto. No es de extrañar que nuestros protagonistas sintieran la vulnerabilidad de la desnudez moral y espiritual, no física. Así pues, la relación del hombre con Dios ya nunca más sería la misma, se había roto, quebrado, fracturado de una forma grave.

RUPTURA EN LA RELACIÓN CONSIGO MISMO

Lamentablemente hubo más consecuencias. Adán y Eva comenzaron a experimentar un estado de ánimo autodestructivo que, hasta entonces, era completamente ajeno a la experiencia humana. Génesis 3 nos habla de vergüenza, miedo y culpabilidad. Si nos trasladáramos rápidamente a Génesis 4, a la historia de Caín y Abel, observaríamos celos, ira, envidia y rabia.

Los estados de ánimo destructivos que aparecen en Génesis 3 y 4 son descriptivos pero no exhaustivos. Esto significa que son simplemente indicios de la tremenda ruptura que el pecado ha producido en nuestra experiencia humana. De ninguna manera agotan todos los efectos que el pecado ha generado, hay mucho más que lo aquí descrito.

La experiencia humana se ha vuelto desde entonces compleja, complicada y difícil. Uno mismo es la persona más difícil con la que debemos convivir. ¡Qué duro puede resultar vivir con uno mismo! No es de extrañar que Pablo en Romanos capítulo 7 describa esa especie de conflicto interior que la mayoría de los seres humanos afrontamos. Por un lado, tenemos una gran capacidad para entender lo que es bueno, correcto, beneficioso y agradable para nosotros y el prójimo, y sin embargo, optamos por lo contrario. El apóstol lo explica claramente cuando afirma *«lo que no quiero, eso hago y, por el contrario, lo que quiero no tengo la capacidad de hacerlo»*.

El pecado nos ha quebrado. Ha provocado en nosotros una especie de esquizofrenia espiritual, un conflicto interno que nunca cesa y que, en ocasiones, resulta agotador. Desde que nos rebelamos contra Dios y su autoridad nuestra experiencia como seres humanos se caracteriza por el conflicto, la división y el enfrentamiento con nosotros mismos.

RUPTURA EN LA RELACIÓN CON OTROS

Dejamos a Adán y Eva en medio de la ruptura en su relación con Dios y consigo mismos. Sin embargo, la larga cadena de consecuencias provocada por la rebelión del ser humano contra Dios no acaba aquí. El hombre experimentará un quiebre en las relaciones interpersonales y en su relación con la creación.

Al ser confrontados por Dios, Adán y Eva se vuelven el uno contra el otro. En vez de afrontar de forma solidaria las responsabilidades derivadas de su decisión, no tienen inconveniente en salvarse aunque sea al precio de hundir al otro en el fango. Para preservar su miserable pellejo, Adán acusa directamente a Eva de tener toda la responsabilidad. La armonía y solidaridad entre los seres humanos se convierte en un recuerdo del pasado. Ser humano contra ser humano.

Este proceso de degradación en las relaciones interpersonales se pone drásticamente de manifiesto en el capítulo 4 del libro de Génesis, en donde Caín mata a su hermano Abel por una cuestión de celos y envidia. Toda la Biblia es un registro de relaciones rotas entre los seres humanos.

En el versículo 16 del capítulo 3, Dios le indica a la mujer que su marido *la dominaría*. Algunos han querido ver en esta afirmación la justificación para la sumisión de la mujer al hombre. Te propongo una interpretación diferente que está en línea con la ruptura que el pecado produce en las relaciones entre los seres humanos.

Según esta interpretación, Dios estaría declarando las consecuencias no esperadas de la desobediencia y rebelión de Adán y Eva. Es decir, unos seres humanos dominando a otros en función de un factor diferenciador, sea sexo (como en este caso), religión, raza, condición social, ideario político, ingresos económicos y tantas otras variables como puedas imaginar. Unos seres humanos aprovechándose, explotando y abusando de otros, eso es lo que el pecado genera al quebrar la relación con nuestro prójimo.

RUPTURA EN LA RELACIÓN CON LA CREACIÓN

En el versículo 17 de este mismo capítulo, el Señor afirma que *la tierra será maldita a causa del ser humano*. El hombre cambia su rol, deja de ser cuidador y administrador de la creación de Dios y se convierte en un depredador de primer orden. Toda la creación se ha visto afectada como consecuencia de la decisión del ser humano de vivir independientemente, al margen de Dios.

Solo tienes que mirar a tu alrededor para cerciorarte, si no lo has hecho ya, de esta terrible realidad. Estamos acabando con todos los recursos naturales, destruyendo la biodiversidad al eliminar especie tras especie a pasos agigantados. Contaminamos las aguas, las tierras y los bosques. Destruimos con nuestro estilo de vida la capa de ozono y nuestros bosques, que son talados de forma aparentemente imposible de parar.

Pablo les escribe a los seguidores de Jesús que viven en Roma y afirma que toda la creación está esperando la manifestación gloriosa de los hijos de Dios. Indica que toda ella ha sido sometida a causa de nosotros. Dicho de otro modo, la creación es un sujeto pasivo de nuestro rol destructor, el pecado ha roto nuestra relación con ella.

UNA CATÁSTROFE DE DIMENSIONES CÓSMICAS

El pecado no solo ha afectado la dimensión espiritual del ser humano. Por el contrario, ha producido una fractura en todas las dimensiones de la experiencia humana, nos ha quebrado por dentro, ha vulnerado nuestra relación con otros seres humanos y con la creación del Señor.

Nosotros no somos la humanidad que Dios pensó y pretendió. Somos simplemente un proyecto fallido, un aborto, una humanidad que no pudo ser porque el pecado la hizo inviable.

Y vivimos en un mundo que tampoco es el que Dios pensó y pretendió. Constituye otro proyecto fallido, otro fracaso, otro aborto, un universo que no pudo ser porque nuevamente el pecado lo hizo imposible. El pecado ha producido una catástrofe de dimensiones cósmicas. Todo lo creado por Dios se ha visto afectado, roto y corrompido por él.

La cosmogonía cristiana nos habla de un ser humano creado para tener una relación significativa con su Creador. Nos explica cómo nos vimos confrontados con la posibilidad de ser iguales a Dios. Nos narra cómo optamos por declararnos en rebelión e independencia y, finalmente, cómo, a consecuencia de ello, experimentamos una ruptura en estas cuatro áreas: con Dios, con nosotros mismos, con otros y con la creación. ¡Una auténtica catástrofe!

Estudio 4

ADÁN Y EVA 4: UN PROYECTO FRACASADO Y UN PROYECTO RESTAURADO

TEXTO BASE: Romanos 5:12-21 TIEMPO CONCENTRADO

IDEA CLAVE:
La ruptura en las cuatro áreas de relación que experimentó el hombre no constituye el final de la historia. Dios ha puesto en marcha un plan para crear un nuevo mundo y una nueva humanidad.

OBJETIVOS

DE CONOCIMIENTO
- Saber definir el propósito de la venida de Jesús
- Ser capaces de explicar el concepto de nueva humanidad
- Conocer qué significa la noción de nueva creación

DE CONVICCIONES (VERDADES INTERIORIZADAS)
- Descubrir que Jesús me invita a seguirlo para formar en mi vida el hombre nuevo
- Ser consciente de que el Señor me invita a ir tras él para colaborar en la construcción del Reino

DE CONDUCTAS
- Tomar la decisión como grupo de leer de forma conjunta un evangelio, y anotar las características del hombre nuevo que queremos desarrollar en nuestras vidas
- A nivel individual determinar qué área de desarrollo quiero priorizar y qué pasos prácticos podría dar para hacerlo realidad. Compartirlo con alguien para que me estimule, ore por mí y ante el que pueda rendir cuentas

LAS RUPTURAS NO SON EL PUNTO FINAL

Hemos visto que la rebelión de Adán y Eva contra Dios hicieron inviables el proyecto de universo y el proyecto de humanidad. Ni lo uno ni lo otro son aquello que el Señor había pensado y diseñado. Este proyecto fallido es el resultado del pecado.

Ahora bien, afortunadamente, ese no es el final de la historia. Desde el mismo momento de la rebelión Dios puso en marcha un plan de restauración de todas las cosas, un plan que permitiera una nueva humanidad y, a la vez, un nuevo universo; y ese plan se concretó en Jesús, Dios hecho ser humano.

UNA NUEVA HUMANIDAD

En Romanos 5, versículos del 12 al 21, se presenta a Jesús como el nuevo Adán, el primero, el prototipo de una nueva creación. Allí donde Adán falló, desencadenando en consecuencia todo un proceso de rupturas, Jesús estuvo a la altura, Jesús obedeció convirtiéndose en un agente de restauración.

Al mirar a Jesús sentimos, por un lado, una cierta tristeza. Tristeza porque él es todo lo que nosotros hubiéramos podido llegar a ser si el pecado, nuestra rebelión, no lo hubiera hecho inviable. Nosotros pudimos haber sido como él.

Pero por otro lado, también sentimos esperanza. Esperanza porque Jesús nos muestra lo que podemos llegar a ser. Jesús es el auténtico, el genuino ser humano, el que el Señor tenía en mente, por tanto, imitar a Jesús es volvernos más y más como él, y en ese proceso, necesariamente nos volvemos más humanos.

Por eso seguimos a Jesús, para que forme en nosotros ese hombre nuevo que él ejemplifica y encarna. Vamos tras él para que restaure en nosotros esas cuatro grandes rupturas que el pecado ha provocado en nuestra experiencia humana.

Soporte bíblico adicional: Romanos 5:12-21, Efesios 4:11-13, Romanos 8:28-30, Gálatas 4:19, Colosenses 1:28-29.

UN NUEVO MUNDO

En el Evangelio de Marcos capítulo 1, versículos 14 y 15, encontramos la predicación inaugural de Jesús con estas palabras: *Se ha cumplido el tiempo [...] El reino de Dios está cerca. ¡Arrepiéntanse y crean las buenas nuevas!*

El tema central del mensaje de Jesús es la llegada del reino de Dios. En la oración del Padrenuestro, al hablar del Reino, Jesús indica que debemos pedir que la voluntad del Padre sea hecha en este mundo como se lleva a cabo en el cielo.

El reino de Dios es el modo en que el mundo podría haber sido si el pecado no lo hubiera convertido en la basura que es actualmente. Porque del mismo modo en que esta no es la humanidad que el Señor tenía en mente, este tampoco es el mundo que él pretendió.

El ministerio de Jesús está lleno de demostraciones de poder, curaciones, liberaciones, alimentación de personas, restauración de la dignidad de mujeres, samaritanos, niños y otros grupos desechados, proclamación de esperanza. Ninguna de estas acciones resulta casual, antes al contrario, son totalmente intencionales. Todas las acciones de Jesús, si lo pensamos bien, se encaminan a paliar, aliviar o eliminar las consecuencias que se produjeron a causa de la ruptura en las cuatro áreas de la vida del hombre que ocasionó el pecado. Por eso, el día que Jesús predicó en Nazaret, la ciudad donde había crecido (Véase Lucas 4:16-22), indicó con solemnidad: «Hoy se cumple esta Escritura en presencia de ustedes».

El Reino es lo que el mundo habría podido ser si el pecado no lo hubiera abortado. El Reino es lo que el mundo puede llegar a ser si se reconcilia con Dios. Por eso seguimos a Jesús para colaborar con él en la construcción del reino de Dios, para que este mundo llegue a ser lo que el Señor ideó y el pecado inviabilizó.

Jesús es el punto y seguido de Dios. Jesús es el agente reconciliador y restaurador de Dios y nos invita a unirnos a él en este proceso.

Soporte bíblico adicional: Lucas 4:16-22, Colosenses 1:20-23, Juan 3:16, 2 Corintios 5:18-21, Lucas 7:18-23.

Estudio 5

CAÍN: INDIFERENCIA

TEXTO BASE: Génesis 3

GRUPO GRANDE
GRUPO PEQUEÑO
ACOMPAÑAMIENTO ESPIRITUAL

IDEA CLAVE:
Nuestra relación con otros seres humanos está rota, y como consecuencia, somos indiferentes a la suerte de nuestro prójimo.

OBJETIVOS

DE CONOCIMIENTO

- Saber definir qué es el síndrome de Caín
- Poder mencionar situaciones en el propio entorno en que se manifieste este síndrome

DE CONVICCIONES (VERDADES INTERIORIZADAS)

- Ser consciente de que yo soy responsable ante Dios por mi hermano y sus necesidades
- Reconocer que pecado no es únicamente lo malo que hago sino el bien que puedo hacer y no hago

DE CONDUCTAS

- Pensar en necesidades que existen alrededor de mí y tomar la decisión de hacerme responsable de ellas

El SÍNDROME DE CAÍN

Ya vimos, al referirnos a Adán y Eva, que la discordia entre los seres humanos es una de las consecuencias del pecado.

Desde entonces las personas vivimos enfrentadas y nuestras relaciones están quebradas. Una de las formas en la que esto se manifiesta es en la opresión que ejercen unos hombres sobre otros. Esto incluye causarles dolor y sufrimiento cuando se oponen a sus planes, propósitos o intereses.

Este enfrentamiento ni siquiera respeta los lazos y vínculos familiares. Ya vimos que Adán, para salvar el pellejo, no dudó en acusar a Eva abiertamente.

En el caso de Caín esta ruptura se manifestó de forma tremenda e increíblemente brutal. Mató a su hermano Abel a causa de los celos, la envidia y la amargura que sentía hacia él. A juzgar por lo que nos dice la historia bíblica, se debía al rechazo que Caín había sufrido al presentar su ofrenda a Dios.

La ofrenda de Abel era de mejor calidad y resultó aceptada por el Señor. Aquello fue demasiado para Caín, y le generó una serie de sentimientos que no supo dominar y que lo llevaron a acabar con la vida de su propio hermano.

Dios consideraba a Caín responsable de la suerte de Abel y por eso lo confrontó abiertamente preguntándole por él. Su respuesta describe lo que podría llamarse «el síndrome de Caín», que consiste en eludir la respuesta, en no sentirse responsable por las necesidades, situación o suerte de nuestro prójimo. ¡Alguien más debe ser responsable, pero no yo!

Sin embargo, Dios le pide cuentas a Caín acerca de su responsabilidad. Lo llama para que dé explicaciones acerca de la suerte de Abel y es considerado culpable por haber faltado a su deber con respecto a su hermano.

Dios sí consideraba a Caín guardián de su hermano.

CAÍNITAS POSMODERNOS

El síndrome de Caín se da de un modo omnipresente en la sociedad posmoderna. Las presiones, demandas, exigencias y compromisos de la vida actual son tremendos y nos afectan a todos. A mayor complejidad en la vida corresponde una mayor presión.

Al mismo tiempo, otra característica de nuestra sociedad es el radical hedonismo que nos empuja a buscar el placer y huir de todo tipo de dolor, sea físico, emocional, intelectual o espiritual, al precio que fuere.

La combinación de los factores antes mencionados nos lleva a la tentación de vivir centrados en nosotros mismos, en nuestros problemas y necesidades, en la propia autorrealización, en el desarrollo personal y en nuestras carencias, dejándonos poco, si algún tiempo, para pensar en los demás y en sus necesidades.

Caín, con su experiencia, nos enseña acerca del peligro de olvidar que somos guardianes de nuestros hermanos, que somos responsables de ayudar a nuestro prójimo en sus necesidades, luchas, carencias, problemas y tensiones.

Además, Caín nos recuerda que Dios nos considera responsables y, por ello, nos pedirá cuentas acerca del modo en que hemos ejercido nuestra responsabilidad.

Esto nos confronta con la realidad del pecado de omisión. La Palabra de Dios con meridiana claridad indica que conocer el bien y no llevarlo a cabo es pecado (Santiago 4:17). Ver las necesidades de nuestro prójimo y cerrar los ojos ante ellas, practicando el síndrome de Caín, es un claro pecado.

Caín nos desafía a vivir una vida de solidaridad, de compasión, de entrega sacrificial a nuestro hermano.

Estudio 6

ENOC: UNA VIDA INTEGRADA

TEXTO BASE: Génesis 5

GRUPO GRANDE
ACOMPAÑAMIENTO ESPIRITUAL

IDEA CLAVE:

La posmodernidad nos lleva a vivir vidas compartimentadas, sin relación entre lo cotidiano y nuestra fe. Enoc nos desafía a vivir nuestra fe integrada a la cotidianeidad y no disociada de ella.

OBJETIVOS

DE CONOCIMIENTO

- Describir qué significa de forma práctica que Enoc caminó con Dios
- Explicar la presión que la sociedad posmoderna ejerce sobre uno para que viva la fe de forma compartimentada

DE CONVICCIONES (VERDADES INTERIORIZADAS)

- Reconocer que el Señor esta presente en cada dimensión de la vida, tanto la pública como la privada

DE CONDUCTAS

- Tomar decisiones concretas y prácticas que ayuden a saber que Dios está presente en la vida cotidiana

UNA VIDA INTEGRADA

El capítulo cinco de Génesis es uno de esos aburridos capítulos de la Biblia que uno tiene que enfrentar cuando está llevando a cabo un plan sistemático de lectura de las Escrituras. Se trata de genealogías, listas de nombres, ascendientes y descendientes. Uno tiene la tentación de saltearlos pensando que Dios no va a enfadarse y que es poco el provecho que puede sacarse de semejantes textos.

Así es Génesis cinco. Un capítulo totalmente anodino. Nombre tras nombre se van desgranando y únicamente se hace mención del número de años que estas personas vivieron y de sus antecesores y sucesores. No se dice nada de interés acerca de su biografía, tampoco de su relación con Dios.

Entonces aparecen los comentarios acerca de Enoc. Se indica que Enoc caminó con Dios. Además, en tan sólo dos versículos aparece dos veces la misma expresión. Tanta redundancia en tan poco texto nos indica con total y meridiana claridad de qué se trata, nos encontramos ante algo extremadamente importante y significativo en este personaje.

En la Biblia, el término caminar es utilizado, salvo que el contexto indique lo contrario, como una analogía de la vida cotidiana, del estilo de vida, del diario vivir. Caminar con Dios sería, por tanto, un estilo de vida caracterizado por la relación y la intimidad con Dios.

Ahora bien, vale la pena señalar que la intimidad y la relación de amistad que Enoc mantenía con Dios estaban integradas en su forma cotidiana de vivir, de enfrentar y solucionar la vida. Su fe no era fragmentada, entendiendo por fe fragmentada aquella que únicamente permite a Dios acceder a determinadas áreas de la vida y se limita a ciertos lugares y horarios durante la semana. Enoc caminaba con el Señor, por decirlo de alguna manera, de domingo a domingo.

En la vida de Enoc no existía una vertiente privada de la fe totalmente disociada y divorciada de la vertiente pública de la persona. No había una esquizofrenia en su personalidad espiritual. Enoc simplemente era quien era y eso se manifestaba en todo lo que hacía, en cualquier área de su vida.

Es interesante lo que Hebreos indica con relación a Enoc. En Hebreos 11:5 y 6 se nos dice que la forma de vivir de Enoc agradó a Dios. Su fe integrada le placía a Dios. Además, deleitó tanto al Señor que él le evitó el tener que experimentar la muerte. Él y Elías son los dos únicos seres humanos de los cuales tenemos noticia que han sido arrebatados por Dios y no han tenido que experimentar la muerte.

Hebreos también nos revela otros matices con relación a la forma de vivir de Enoc, era un hombre de fe, lo cual en la Biblia significa que era un hombre que confiaba en Dios ya que se nos indica que sin ese requisito es imposible agradar a Dios. La confianza en Dios nace del conocimiento íntimo de su persona.

Así pues Enoc tenía una fe plenamente integrada a su vida cotidiana. Su estilo de vida se caracterizaba por una íntima comunión con Dios a quien conocía y en quien confiaba.

APLICACIÓN EN UN MUNDO POSMODERNO

Una de las presiones más fuertes de la sociedad posmoderna tiene como objetivo reducir todo tipo de expresión religiosa al estricto ámbito de la vida privada de la persona.

Una persona puede creer lo que desee, por algo estamos en una sociedad democrática, liberal, pluralista y tolerante. Ahora bien, se espera que las creencias no interfieran en el ámbito de la vida pública.

Las creencias no pueden ni deben teñir nuestras actividades profesionales, políticas, culturales, laborales o económicas. Estas pertenecen al ámbito público, la fe pertenece al ámbito privado.

Esta presión y exigencia social puede llevarnos a una auténtica esquizofrenia espiritual. Podemos disociar nuestra actuación como cristianos de nuestra actuación como profesores, médicos, políticos, financieros, artistas, agentes sociales, estudiantes, amas de casa y otras profesiones.

El siguiente paso consiste simplemente en fragmentar nuestra vida cotidiana y vivir con valores, prioridades, esquemas y pautas de actuación de lunes a viernes. Somos de una manera en el trabajo y de otra en la iglesia. Nuestra fe en Dios se ve limitada a ser un área más de nuestras vidas en lugar de ser el factor aglutinante e integrador de todas ellas.

Enoc, desde los miles de años que nos separan de su experiencia, nos desafía a vivir nuestra fe integrada, no disociada de nuestra cotidianidad. Nos invita a ser simplemente lo que somos en todo momento, lugar y circunstancia. A evitar la esquizofrenia espiritual a la que la posmodernidad nos quiere llevar y nos presiona para vivir.

Estudio 7

NOÉ: ¿HOSTILIDAD O COMODIDAD?

TEXTO BASE: Génesis 6 y 7

SERVICIO

IDEA CLAVE:

Los seguidores de Jesús estamos llamados a ser luz en medio de la hostilidad de las tinieblas, no en la comodidad de nuestros templos.

OBJETIVOS

DE CONOCIMIENTO

- Describir el tipo de sociedad en la que vivió y testificó Noé
- Reconocer y describir la clase de actitud que tomó el patriarca ante sus contemporáneos

DE CONVICCIONES (VERDADES INTERIORIZADAS)

- Responder al llamado de ser testigo en medio de las tinieblas de una sociedad indiferente y hostil a Dios
- Abandonar la seguridad del grupo de referencia, la iglesia y el templo para ser luz y testigo en las tinieblas

DE CONDUCTAS

- Dar pasos prácticos como individuo y como grupo para vivir tomando en cuenta el ejemplo de Noé

HOSTILIDAD Y TINIEBLAS

Es muy importante para nosotros entender el entorno cultural y social en el que tuvo que desenvolverse Noé.

La Biblia hace una descripción horrible del grado de maldad al que habían llegado sus contemporáneos. Al leer el capítulo 6 de Génesis, vemos que el pecado había progresado de forma imparable desde la desobediencia de Adán y Eva.

El nivel de maldad había alcanzado tal extremo, y la corrupción del ser humano había llegado a tales límites, que al Señor, con gran dolor en su corazón, le pesó haber creado a la humanidad.

La situación reinante durante la época de Noé se amplía en Mateo 24:38-39 y en 1 Pedro 3:18-20. En estos pasajes no aparecen los elementos dramáticos que encontramos en Génesis, sino que por el contrario, en ambos se pone de manifiesto la «normalidad» con la que las personas vivían.

Expresado de otro modo, podríamos afirmar que el vivir de espaldas a Dios, sin tenerlo en cuenta y sin respetar sus valores, se había convertido en una de las características de aquella sociedad. La maldad se había institucionalizado y convertido en el modo habitual de vivir. No se menciona ningún tipo de idolatría. Simplemente que la sociedad había decidido deshacerse de Dios, arrinconarlo y vivir sin él.

En medio de este ambiente cultural y social se menciona a Noé como una persona justa y buena, que siempre obedecía a Dios.

Las presiones que Noé sufrió seguramente debieron haber sido increíbles. El patriarca iba totalmente a contracorriente. Mantener las prioridades, los valores, la fe, la ética y la conducta en una sociedad totalmente secular debió haber sido un tremendo desafío que Noé tuvo que enfrentar sin ningún tipo de ambiente o contexto que le proveyera apoyo.

Sin duda las presiones habrán aumentado cuando tuvo que hacerse cargo de la realización del gran proyecto que Dios le había encargado y que, a los ojos de sus contemporáneos, debía parecer como una auténtica locura.

Génesis nos muestra que contra todo pronóstico, Noé había decidido mantener y cultivar un estilo de vida opuesto y contrario al que practicaban sus contemporáneos. A pesar de vivir en un ambiente hostil, desde el punto de vista espiritual, ético y moral, Noé supo mantenerse íntegro y sin contaminación.

Se dice de Noé lo mismo que de Enoc: que caminaba con Dios. Ya hemos visto el significado de esa expresión. En su historia, tal y como se narra en Génesis, se indica que siete veces Dios le habló a Noé. Resulta evidente que esto constituye una clara referencia a su buen compañerismo con Dios.

Hebreos 11 nos indica que por fe construyó el arca. Trabajó durante años y años en un proyecto para salvarse de un diluvio del que no había ni precedentes ni evidencias que indicaran que fuese a suceder. Invirtió muchos años de su vida, gran cantidad de recursos, y tal vez lo que quedaba de su reputación construyendo aquella arca.

2 Pedro 2:5 nos indica otro aspecto del carácter de Noé, dice que fue un «pregonero» o «predicador» de justicia. Según la tradición rabínica, Noé es considerado como una persona que exhortó a su generación.

No es difícil para nosotros imaginar que Noé llegó a sentir angustia, frustración y dolor al ver que toda su generación se mostraba indiferente, incrédula e incluso hostil a su mensaje. Fue un testigo solitario en una sociedad secular y como dice Hebreos 11:7, «por esa fe condenó al mundo».

APLICACIÓN EN UN MUNDO POSMODERNO

La sociedad posmoderna, como la de los tiempos de Noé, edifica su cultura al margen de Dios, de sus valores, de sus prioridades y de su presencia.

Nuestra sociedad tiene una creciente tendencia a actuar sin pensar ni considerar a Dios. Vive inmersa en un proceso de desacralización, rechazando a Dios, pues considera que él no debe estar presente ni en la vida pública ni en la privada. Es cierto que no todos los estratos de la sociedad sufren esta realidad de forma similar, sin embargo, no es menos real que la juventud es el sector en la vanguardia de todos los cambios.

La sociedad de Noé era similar a la nuestra. No se la consideraba una sociedad idólatra, sino más bien una sociedad sin voluntad, deseo o interés por el conocimiento de Dios.

Nuestra sociedad, al igual que aquella, ha decidido ignorar y desobedecer a Dios, y además, no está preocupada por su desobediencia.

¿Qué vamos a hacer ante esta situación, ante esta realidad? ¿Nos esconderemos en la seguridad de nuestros templos, nuestros grupos de jóvenes, nuestros ambientes seguros y espirituales?, por el contrario, ¿seremos luz y bendición en medio de un entorno hostil e indiferente a Dios? Noé nos invita a adoptar esta segunda actitud.

Noé nos insta a convertirnos en testigos en medio de esta sociedad. Muchos de nosotros tal vez tendremos que ser como él, testigos solitarios, testigos de la verdad de Dios en medio de un contexto burlón, indiferente e incluso abiertamente hostil. El patriarca nos insta a anunciar la fe en medio de nuestra generación, incluso si no recibimos una respuesta positiva y no vemos ningún fruto. La labor del testigo es dar razón de las evidencias, de la verdad. Es responsabilidad del juez emitir un veredicto.

Estudio 8

ABRAHAM: AL FIN Y AL CABO SE MERECEN SU SUERTE

TEXTO BASE: Génesis 18:16-33

SERVICIO

IDEA CLAVE:

Abraham nos desafía a tener un corazón compasivo hacia una sociedad que vive en depravación y maldad.

OBJETIVOS

DE CONOCIMIENTO

- Describir de qué modo se manifiesta el corazón compasivo de Abraham por una sociedad depravada

DE CONVICCIONES (VERDADES INTERIORIZADAS)

- Ser consciente de que rechazar conductas y estilos de vida nunca debería conducir a un rechazo, desprecio y condena de las personas
- Aprender a desarrollar compasión hacia la gente que vive un estilo de vida condenado por las Escrituras

DE CONDUCTAS

- Considerar si se tienen actitudes de rechazo a cierto tipo de personas debido a su conducta o estilo de vida
- Encontrar formas prácticas de cambiar de actitud y comportamiento hacia ellas

UN CORAZÓN COMPASIVO

La historia que narra este pasaje es una de las más sorprendentes del Antiguo Testamento.

Dios aparece encarnado como un ser humano. Incluso disfruta de la hospitalidad que Abraham le ofrece y comen juntos.

Precisamente en esta aparición tan inaudita del Señor en forma humana es cuando Abraham recibe, por fin, la confirmación de la promesa con un plazo fijo de cumplimiento.

Pero Dios tiene otra misión y decide abrir su corazón con una persona que es definida por el mismo Señor como su escogido.

Dios devela su propósito de destruir Sodoma y Gomorra a causa de la maldad que ambas ciudades han acumulado. Entonces se produce la curiosa reacción del patriarca.

Sin duda, Abraham conoce de la fama de depravadas que tienen esas dos ciudades. No es la primera vez que entra en contacto con los asentamientos del valle. Ya en una ocasión anterior, narrada en el mismo libro de Génesis, había intervenido para salvar a su sobrino Lot. Y los reyes de ambas ciudades se beneficiaron de su acción militar.

Abraham debe tener plena conciencia del estado moral de los habitantes de esas ciudades, y sin embargo muestra la osadía de interceder ante el Señor por la población de los dos pueblos.

El pasaje narra la arriesgada y aventurada negociación en la que Abraham intercede ante Dios. El patriarca apela a Dios como juez y apela, por tanto, a su justicia.

Es interesante que no apela (porque no puede) aduciendo la existencia de bondad en los cananeos que viven en aquellas ciudades. Sin duda sería una causa perdida: la maldad de aquellos hombres debe ser sobradamente conocida en toda la región. Abraham reclama por los pocos justos que puedan existir y que se convertirían en víctimas inocentes del castigo de Dios.

El Señor acepta su razonamiento y está dispuesto a perdonar a la ciudad si es que se puede hallar en ella el número de cincuenta justos.

El resto de la historia es ampliamente conocido. En una negociación sin precedentes en la historia de la relación del hombre con Dios, Abraham va regateando el número de personas necesario para salvar la ciudad de la destrucción hasta la irrisoria cantidad de diez.

Lamentablemente, ni siquiera se encontraron aquellos diez justos, y ambas ciudades y su entorno fueron destruidos por el juicio de Dios sobre sus maldades y pecados.

El triste fin de Sodoma y Gomorra no quita ningún mérito al carácter de Abraham, que se mostró como un hombre compasivo, capaz de arriesgarse a negociar con Dios en pro de la salvación de unos hombres y mujeres que, a los ojos de Dios, únicamente merecían la muerte como juicio por sus pecados.

APLICACIÓN EN UN MUNDO POSMODERNO

El mundo posmoderno cada vez se aleja más de Dios, de sus valores y de sus principios. La sociedad se vuelve más y más permisiva hacia estilos de vida, comportamientos y costumbres que desde la mirada de Dios son claramente censurables y condenables.

Estilos de vida que hace tan solo unos años eran rechazados y considerados inmorales y pecaminosos, hoy en día son aceptados normalmente por la sociedad. Por la difusión de estos antivalores en los medios de comunicación, estos alcanzan el nivel de lo normal y aceptable e incluso de alto grado de popularidad en la sociedad.

Si bien hay muchos estilos de vida que son claramente condenables por las enseñanzas de la Biblia, no es menos cierto que el Señor ama y acepta incondicionalmente a estas personas y desea que sean salvadas y redimidas. El propio Jesús es reflejado en los evangelios acercándose una y otra vez a la gente de este tipo y condición. Jesús era llamado amigo de pecadores y gente de mal vivir.

Abraham, al igual que Jesús, tiene la capacidad de considerar por separado la conducta condenable de las personas por un lado y al mismo tiempo no olvidar la dignidad y el valor de esas vidas.

Abraham nos enseña y nos desafía a que es posible estar en desacuerdo, rechazar y condenar determinados estilos de vida, pero al mismo tiempo nos desafía a no solo sentir compasión por ellos, sino que nos anima a buscar su bien de forma intencional, activa, incluso a riesgo de nuestra propia integridad.

Abraham, anticipándose a Jesús, nos enseña un camino de compasión, compromiso y búsqueda del que está perdido sin que importe cuál sea su estilo de vida.

Estudio 9

LOT: DECISIONES Y CRITERIOS

TEXTO BASE: Génesis 13

ACOMPAÑAMIENTO ESPIRITUAL

IDEA CLAVE:

El bienestar económico, el progreso material y profesional no deben ser los únicos criterios a la hora de tomar decisiones sobre nuestro futuro.

OBJETIVOS

DE CONOCIMIENTO

- Reconocer qué criterios usó Lot a la hora de decidir instalarse en el valle y cuáles no tomó en cuenta

DE CONVICCIONES (VERDADES INTERIORIZADAS)

- Darse cuenta de que el beneficio profesional o económico no puede ni debe ser el único factor a la hora de tomar decisiones. Valorar las consecuencias que ciertas decisiones pueden acarrear con respecto a la integridad personal y el caminar con Jesús

DE CONDUCTAS

- Identificar qué decisiones tomar en la vida y analizar las implicancias que tendrán en el caminar con el Señor
- Incorporar el principio del costo espiritual que se tendrá que pagar al tomar cierta determinación

SOPESAR LAS INFLUENCIAS

Dios llamó a Abraham a un estilo de vida nómada. Dada la estructura familiar de aquel tiempo, Lot, su sobrino, tuvo que acompañarlo.

El estilo de vida nómada implicaba el frecuente desplazamiento de un lugar a otro en búsqueda de los recursos naturales (agua, pastos) para poder alimentar a los rebaños. Los rebaños, junto con la caza, eran la fuente básica de sustento de las tribus o sociedades nómadas.

El nomadismo proporcionaba un alto grado de autonomía y libertad, pero al mismo tiempo, también tenía sus inconvenientes. El tener que desplazarse en búsqueda de los recursos naturales necesarios impedía que se pudieran echar raíces firmes y permanentes en algún lugar.

El relato bíblico señala que los rebaños de Abraham y los de Lot habían crecido demasiado y se producía una competencia entre ambos por la utilización de los limitados recursos existentes.

A fin de evitar que los conflictos económicos envenenaran las relaciones familiares, Abraham, a pesar de ser el jefe de la familia y por consiguiente tener el derecho de escoger en primer lugar, le planteó a Lot la necesidad de separarse y le dio la posibilidad de escoger el lugar a donde ir.

Lot sopesó sus posibilidades y eligió. Vio el valle del río Jordán y lo valoró como la mejor opción. Sin duda lo era, al menos desde el punto de vista económico. La descripción de aquel lugar que encontramos en el capítulo 13 de Génesis así parece indicarlo. Era el lugar ideal para echar raíces y para poder acabar con el estilo de vida nómada. El valle tenía suficientes recursos naturales como para satisfacer las necesidades de Lot y evitar el peregrinaje en busca de nuevos medios de vida. El valle es descrito como un jardín.

Sin embargo, a pesar de ser la mejor opción económica, no necesariamente era la mejor opción desde el punto de vista social y moral. La descripción que se hace del entorno social al que se trasladó Lot no es nada halagüeña. La Biblia relata que las personas de aquel lugar eran gente mala que cometía horribles pecados contra Dios.

Todo parece indicar que, si bien el sobrino de Abraham analizó bien su decisión desde el punto de vista económico, su valoración no fue tan acertada desde un punto de vista espiritual. En el mejor de los casos, Lot no tuvo en cuenta, o bien subestimó, la influencia espiritual que la maldad del entorno podría tener sobre su familia y sobre él mismo. Y en el peor de los casos prefirió correr el riesgo de someterse a una influencia espiritual negativa, con tal de que su situación social, económica y tal vez política mejorara.

El texto nos dice que Abraham, por su parte, continuó con su estilo de vida nómada y se fue a la zona del encinar de Mamré. Allí el Señor se le volvió a aparecer y de nuevo le hizo la promesa acerca de que toda aquella tierra, en el futuro, sería su herencia y la de sus descendientes.

¿Hizo mal Lot? ¿Abogamos por un estilo de vida eremita alejado de la sociedad? En absoluto. Hablamos de la importancia que tiene, a la hora de decidir con quién relacionarnos y en qué entorno desarrollar nuestro proyecto de vida, el valorar los beneficios que nos puede reportar determinado lugar, desde el punto de vista social, cultural, económico o político; pero al mismo tiempo, debemos tener en cuenta las implicaciones espirituales y morales que tendrá sobre nuestras vidas, sobre nuestro caminar con Dios y, finalmente, sobre nuestras familias.

APLICACIÓN EN UN MUNDO POSMODERNO

La economía, el poder, las ganancias y el desarrollo de influencias mueven el mundo. Las personas toman decisiones que les permiten avanzar en su carrera profesional o política a precio de dañar o poner en peligro sus familias y su propia integridad personal.

Los cristianos no estamos exentos ni de la tentación ni de la presión ni del peligro de caer en ese juego social. La posibilidad de mejorar en determinadas áreas de nuestra vida puede llevarnos al punto de poner en peligro nuestro caminar con el Señor y vernos sometidos a influencias que van más allá de la capacidad que tenemos para manejarlas o resistirlas.

Lo que le sucedió a Lot, dirige nuestra atención a la importancia de no tomar ese tipo de decisiones a la ligera. De él podemos aprender a colocar en la balanza, de una forma realista y honesta, todo pro y contra que conlleva una determinada decisión. La historia del sobrino de Abraham nos enseña que no podemos menospreciar ni subestimar la influencia que el entorno pueda tener sobre nuestro caminar con Dios y nuestra integridad personal.

La economía, el bienestar, el progreso, el poder, la influencia, no son los únicos criterios a la hora de tomar decisiones vitales.

Estudio 10

ESAÚ: AL DESEO LOS FRENOS LE SIENTA MAL

TEXTO BASE: Génesis 18:16-33   ACOMPAÑAMIENTO ESPIRITUAL

IDEA CLAVE:
La sociedad posmoderna nos lleva a satisfacer, de forma inmediata y sin considerar las consecuencias, todos nuestros impulsos.

OBJETIVOS

DE CONOCIMIENTO
- Describir lo que ganó y lo que perdió Esaú al negociar con su primogenitura

DE CONVICCIONES (VERDADES INTERIORIZADAS)
- Reconocer el peligro de satisfacer deseos e instintos sin detenerse a considerar las consecuencias de estos actos impulsivos

DE CONDUCTAS
- Pensar en situaciones ambiguas, y en las implicaciones y consecuencias que acarrearán las decisiones que tomemos

AL DESEO LOS FRENOS LE SIENTAN MAL

Esaú era el primer hijo de Isaac, el primogénito, el heredero.

La primogenitura, es decir, los derechos concedidos al primer hijo nacido varón, era una institución muy importante en el mundo antiguo y así lo atestigua la Biblia.

El primer hijo se beneficiaba con una herencia considerablemente mayor que el resto de sus hermanos. De esta manera se trataba de garantizar que los patrimonios no se disolvieran con sucesivas reparticiones.

Pero las ventajas del hijo mayor no eran únicamente de índole económica, aunque estas eran notables. Juntamente con una porción mayor de los bienes y recursos familiares, recibía la jefatura de la familia.

Se convertía en el jefe de la familia, el clan o la tribu y eso le atribuía funciones de tipo social, judicial y religioso muy importantes. El estatus del primer hijo incluía todas esas ventajas y responsabilidades.

Parece ser que el único inconveniente de la primogenitura consistía en que había que esperar hasta la muerte del padre para poder disfrutar de la herencia y de todos los derechos y privilegios que la jefatura familiar otorgaba.

En resumidas cuentas, el hijo mayor debía aprender a postergar su gratificación para un futuro del que nadie sabía con exactitud cuándo iba a presentarse.

No es aventurado afirmar que Esaú debía ser una persona impulsiva e incluso hasta compulsiva. Sus impulsos y deseos debían ocupar un lugar muy importante en su vida.

Como dice un poeta español contemporáneo: ¡Al deseo los frenos le sientan mal! Si utilizamos el pasaje de Génesis 25 para forjarnos una idea acerca de la personalidad de Esaú, podemos decir que cuando algún deseo o impulso se apoderaba de su mente, no se detenía hasta concretarlo.

Puede ser que esos deseos e impulsos se convirtieran en ideas obsesivas, y por tanto, se viera forzado, obligado o empujado a satisfacerlas sin reparar en el precio que debía pagar por ello.

Alguien puede pensar que mis juicios sobre Esaú son osados y arriesgados. Creo que no. Fijémonos en todo lo que Esaú estaba dispuesto a perder, y a cambio de qué estaba dispuesto a perderlo.

El pasaje, aunque lacónico y escueto, nos indica que Esaú con total frivolidad despreció sus derechos como hijo mayor (ya hemos mencionado todo lo que eso implicaba) simplemente porque tenía hambre y quería satisfacer de forma instantánea su impulso y su deseo.

El hecho de que alguien esté dispuesto a dejar tanto por tanto poco parece indicarnos que estamos ante una persona incapaz de postergar su gratificación. Nos encontramos ante alguien que no se detiene a valorar las implicaciones y consecuencias que el seguir sus impulsos podría traerle en el mediano y largo plazo.

Esaú estaba dispuesto a hipotecar su futuro a cambio de una breve, simple y pasajera gratificación presente.

APLICACIÓN EN UN MUNDO POSMODERNO

Una de las características de la sociedad en que nos toca vivir es su capacidad para despertar en nosotros todo tipo de impulsos y deseos y manipularlos hasta convertirlos en necesidades vitales que deben ser satisfechas, a menudo, a cualquier precio.

De hecho, la sociedad del capital funciona de esta manera. El ser humano tiene una gran necesidad de llenar su sentido de trascendencia, el vacío existencial provocado por su alejamiento de Dios y la ruptura de sus relaciones con él.

Aprovechando esta realidad, la sociedad nos ofrece todo tipo de productos, experiencias y servicios que prometen hacernos felices y satisfacer nuestra necesidad de trascendencia.

La presión es tan fuerte (los medios de comunicación y la publicidad son expertos en ejercerla) que a menudo nos vemos impulsados a satisfacer nuestras necesidades sin detenernos a considerar el costo, las implicaciones, las posibles consecuencias que ello podría acarrear. De forma consciente o inconsciente identificamos la satisfacción de esos deseos con el obtener felicidad y, en consecuencia, queremos satisfacerlos a toda costa.

La historia de Esaú nos desafía a mirarnos en su ejemplo y aprender, en primer lugar a postergar la gratificación, y en segundo lugar a nunca tomar decisiones sin considerar y hacer un cálculo de las implicaciones, consecuencias e hipotecas que podríamos luego enfrentar.

La presión bajo la que se encontraba Esaú no es muy diferente de la que vivimos nosotros: ser felices hoy satisfaciendo todos nuestros deseos y ansias. No vale la pena considerar lo que esto pueda costarnos; la invitación es a vivir el presente sin que importe lo que pueda suceder en el futuro.

Estudio 11

JOSÉ: MÁS VALE UNA RETIRADA A TIEMPO

TEXTO BASE: Génesis 39   ACOMPAÑAMIENTO ESPIRITUAL

IDEA CLAVE:
En la sociedad posmoderna, como en todas, la tentación es y será inevitable, por eso, resulta imprescindible tener estrategias para enfrentarla.

OBJETIVOS

DE CONOCIMIENTO

- Reconocer y describir los dos recursos que ayudaron a José a enfrentar la tentación

DE CONVICCIONES (VERDADES INTERIORIZADAS)

- Percibir que el temor a Dios nos orienta en un mundo moralmente tolerante
- Ser consciente de que huir es una respuesta legítima ante la tentación que acecha

DE CONDUCTAS

- Identificar las tentaciones y desarrollar estrategias para enfrentarlas

ACOSO SEXUAL EN EL TRABAJO

Muy probablemente la historia de José sea el primer caso de acoso sexual en el trabajo que aparece registrado en la historia de la humanidad. Triste precedente, pero precedente al fin y al cabo.

La vida de José es bien conocida y aparece perfectamente narrada en el libro de Génesis.

Después de haber sido vendido por sus hermanos como esclavo, José fue llevado a Egipto y acabó en la casa de Potifar, un alto funcionario del monarca egipcio; para más señas, capitán de su guardia, lo que parece indicar que desempeñaba un cargo de confianza e importancia.

La Biblia nos dice que el Señor estaba con José y, por lo tanto, las cosas le fueron muy bien. Como consecuencia de ello la casa de Potifar progresó y Dios le dio gracia a José ante los ojos de su amo, de tal modo que este lo nombró mayordomo de su casa y dejó todas las cosas bajo su cuidado. Como resultado, la bendición de Dios alcanzó también a la casa de su señor.

Sin embargo, no todo podía ser color rosa. La mujer de Potifar le hizo proposiciones sexuales a José. Nuestro héroe se negó contundentemente y explicó las razones por las que no podía hacerlo: fidelidad a su amo y respeto hacia el Señor.

Sin embargo, la mujer no se dio por vencida y día tras día continuó acosando a José con proposiciones deshonestas. La presión que José habrá sufrido debió ser horrible. José, como todo ser humano, era sensible al deseo y la necesidad sexual, y había una persona que día tras día se insinuaba y abiertamente requería sus servicios sexuales. Además, aquella mujer se encontraba en una posición de ventaja sobre José al ser la esposa de su amo. Es por eso que decimos que José enfrentó no solo a la tentación sino un auténtico acoso sexual.

Finalmente se encontró en una situación de auténtico peligro y se vio obligado a huir dejando su ropa en la habitación de la mujer de Potifar.

El resto de la historia y las consecuencias que José tuvo que sufrir por su decisión de resistir la tentación las conocemos muy bien. José prefirió huir antes que pecar. Su negativa a pecar por mantenerse firme en sus convicciones y su temor de Dios trajeron como consecuencia la pérdida de su posición de privilegio y le acarrearon varios años de prisión.

APLICACIÓN EN UN MUNDO POSMODERNO

La sociedad posmoderna es cada vez más permisiva. Los límites morales se han vuelto cada vez más endebles y las personas los transgreden cada día con mayor facilidad y frecuencia.

Además, nuestra sociedad no rompe únicamente con las normas morales, sino que además, como indica Pablo en Romanos 1:32, ánima y acosa a otros para que hagan lo mismo.

Por tanto, los creyentes nos vemos inmersos en un contexto social en el que las tentaciones y las posibilidades de pecar están a la orden del día. Ya no es preciso que de forma clandestina vayamos en busca de tentaciones y oportunidades de pecar; estas se nos presentan y vienen a nosotros diariamente, a veces, a cada momento.

El ejemplo de José es valioso para nosotros y nos enseña dos estrategias que nos pueden ser muy útiles para enfrentar la tentación. En primer lugar, José tenía temor de Dios y, por tanto, estaba en condiciones de identificar aquellas cosas que podían ofenderlo y desagradarle.

El conocimiento que tenía del Señor le permitía imprimir un rumbo moral a su vida en medio de situaciones de tentación. Le permitía desarrollar la capacidad de orientarse a través de aquello que era conforme a la voluntad de Dios, en vez de hacerlo por sus impulsos sexuales.

Todos nosotros nos veremos inmersos en situaciones en las que, a menos que tengamos una clara comprensión de lo que es correcto y lo que es incorrecto ante los ojos de Dios, podremos sucumbir ante nuestros propios instintos e impulsos, aplaudidos y animados por la permisividad del entorno social.

En segundo lugar, José nos muestra que en determinadas situaciones, cuando la presión de la tentación es demasiado fuerte, huir es una estrategia adecuada.

Es cierto. Pablo indica que no demos lugar al diablo. Pedro nos dice que Satanás anda alrededor de nosotros buscando a quién devorar. Hay ocasiones en que las relaciones, situaciones, experiencias y contextos en los que nos encontramos son de extrema vulnerabilidad, debilidad y peligro. Como prevención, lo mejor es evitarlos. Pero si eso no resulta posible, lo mejor es huir.

Estudio 12

SIFRÁ Y FUVÁ: ¿COLABORAR CON LA INJUSTICIA?

TEXTO BASE: Éxodo 1 ACOMPAÑAMIENTO ESPIRITUAL

IDEA CLAVE:

En la sociedad posmoderna lo legal y lo moral no siempre van de la mano, y eso puede llevarnos a oponernos ante autoridades legales pero inmorales.

OBJETIVOS

DE CONOCIMIENTO

- Explicar la diferencia que existe entre legalidad y moralidad
- Reconocer y exponer por qué algo puede ser legal y no moral

DE CONVICCIONES (VERDADES INTERIORIZADAS)

- Conocer el carácter de Dios ayudará a distinguir entre moralidad y legalidad
- Pensar en obedecer a Dios antes que a los hombres

DE CONDUCTAS

- Identificar en la propia realidad social y política situaciones que pueden ser inmorales y determinar qué posición tomar

GENOCIDIO EN EGIPTO

El faraón, rey de Egipto, decidió poner en marcha una política de genocidio. El diccionario lo define como *la aplicación sistemática de medidas encaminadas a la destrucción de un grupo étnico*. Y eso era precisamente lo que pretendía el gobernante de Egipto: eliminar a todos los niños varones que nacieran de familias hebreas. Las razones para ello eran políticas; en caso de invasión por una potencia extranjera los hebreos podían representar un peligro para la seguridad nacional.

Aquella era una resolución totalmente legal, ya que había sido ordenada por el legítimo gobernante del país. Sin embargo, desde el punto de vista ético, no podía considerarse una medida moral.

Algo puede ser completamente legal, y al mismo tiempo resultar absolutamente inmoral.

La legalidad o ilegalidad de algo se decide a la luz de la legislación de un país; la moralidad se sopesa a la luz del carácter de Dios y de su voluntad expresada en su Palabra. Lo que un gobierno aprueba, Dios puede desaprobarlo totalmente. En un conflicto de intereses entre moralidad y legalidad, los creyentes obedecen a Dios antes que a los hombres; ese es el principio bíblico (Hechos 4:19).

Sifrá y Fuvá se encontraron ante un dilema de lealtades enfrentadas: obedecer a la ley humana que les exigía la participación en un acto legal pero inmoral como lo era el matar a los niños hebreos varones o, por el contrario, someterse a la ley divina que les exigía preservar la vida de los niños recién nacidos.

Ambas tomaron una decisión arriesgada: desobedecer la ley humana y someterse a la ley de Dios. Sería interesante examinar más detalladamente esta decisión.

En primer lugar, ellas actuaron, según nos dice el libro de Éxodo, debido a su temor, reverencia y respeto hacia el Señor. De eso fácilmente se deduce que ambas tenían un conocimiento del carácter moral de Dios y, al mismo tiempo, una capacidad de discernir cuál era su voluntad.

En segundo lugar, fue precisamente el temor del Señor lo que les proveyó la fuerza, el coraje y la motivación suficientes para poder enfrentar el riesgo de la desobediencia.

En tercer lugar, Éxodo nos dice que su actitud de desobediencia civil, de rebeldía pasiva ante esas leyes injustas, agradó a Dios. Y como consecuencia, él las preservó y bendijo sus vidas.

APLICACIÓN EN UN MUNDO POSMODERNO

Algo que caracteriza cada vez más a las sociedades posmodernas es su constante alejamiento del consenso cultural judeocristiano. En el pasado nuestras culturas basaban su ordenamiento moral e incluso jurídico en los principios que emanaban del cristianismo. Sin embargo, con el creciente proceso de secularización, la conducta y también la legislación se apartan cada vez más de los valores cristianos y se rigen en muchas ocasiones por valores auténticamente anticristianos.

Como consecuencia de eso, contamos con normas perfectamente legales, porque han sido aprobadas por parlamentos democráticos, pero no necesariamente morales desde el punto de vista cristiano. Esto ya es una realidad, especialmente en los Estados Unidos y Europa Occidental. Algunos ejemplos en este sentido podrían ser las legislaciones relativas a la manipulación genética, a los matrimonios entre homosexuales y entre lesbianas y a la posibilidad que se les otorga de adoptar niños, al aborto, a la eutanasia activa y pasiva, y otras muchas que con el tiempo irán apareciendo.

Sifrá y Fuvá constituyen para nosotros un claro ejemplo, como personas que se opusieron a una legislación inmoral y que practicaron una evidente desobediencia civil contra ella. Para nosotros son un referente de cómo manejarnos en sociedades legales pero inmorales.

Esta tendencia sin duda seguirá creciendo en medio de la sociedad posmoderna y cada vez más seguido estaremos frente a la tensión entre lo moral y lo legal.

Estudio 13

MOISÉS: HEME AQUÍ, ENVÍALO A ÉL

TEXTO BASE: Éxodo 3 y 4

ACOMPAÑAMIENTO ESPIRITUAL

IDEA CLAVE:

La sociedad posmoderna huye ante todo tipo de compromisos y lealtades debido al costo personal que esto significa. Dios nos desafía a vencer todas las barreras y unirnos a su misión.

OBJETIVOS

DE CONOCIMIENTO

- Describir las excusas que Moisés le presentó a Dios para no aceptar su misión
- Considerar las respuestas que Dios le dio a las objeciones de Moisés

DE CONVICCIONES (VERDADES INTERIORIZADAS)

- Tener en claro que Dios siempre sabe a quién llamar y es consciente del perfil del que selecciona
- Reconocer que Dios da la capacidad y los recursos para responder al llamado

DE CONDUCTAS

- Identificar posibles excusas para no ser parte de la misión de Dios

POR FAVOR, BUSCA A ALGUIEN CON MEJOR PERFIL

Moisés tuvo la oportunidad de experimentar algo que muy pocos seres humanos han podido experimentar: una manifestación directa de la presencia de Dios por medio de aquel matorral que a pesar de arder de forma continua, no se consumía.

En medio de esta manifestación y revelación, Moisés recibió una misión de parte de Dios. Sin duda, la comisión no era fácil en absoluto; se trataba simplemente de volver a Egipto, presentarse ante el faraón y decirle que dejara en libertad al pueblo para que fuera a la tierra de sus antepasados y la conquistara. ¡Vamos, poca cosa!

A partir del desarrollo del pasaje, inferimos que Moisés debió llevar a cabo una rápida valoración de la oferta que Dios le presentaba. Evaluó la situación, sopesó los puntos a favor y los puntos en contra, pensó en las posibles implicaciones que significaría llevar adelante esa misión, y sin duda por su cabeza pasó que habría un precio personal a pagar por ser obediente a la misión propuesta por Dios.

Moisés reaccionó de una manera muy lógica: le presentó a Dios tantas excusas como pudo para no aceptar la misión. Si analizamos sus motivos, nos daremos cuenta de que todos eran dignos de ser tenidos en cuenta. Resultaban muy razonables y tenían su fundamentación.

La primera de las excusas tiene que ver con la dignidad que requería el desempeñar semejante tarea. «¿*Quién soy yo?*», pregunta Moisés. Nuestro héroe no se siente lo suficientemente importante, digno o representativo para tal encargo. Moisés, y tenía razón, no debía sentirse a la altura de semejante comisión.

La segunda de las objeciones tiene que ver con la poca credibilidad que el pueblo daría a su mensaje. Moisés no dejaba de estar en lo cierto con esta objeción. Si nos detenemos a pensar, veremos que está íntimamente ligada con la anterior. Enunciado de otro modo, Moisés debe haber pensado: «*Si yo no soy nadie, ¿por qué esta gente debería creerme cuando les diga que vengo de parte de Dios? ¿Qué currículo, qué credenciales puedo presentarles? ¡Nadie va a creerle a un tipo como yo que anuncie un mensaje como este!*».

La tercera excusa u objeción está relacionada con su incapacidad para llevar a cabo el encargo recibido. Desde luego, encomendar una tarea de portavoz a una persona de palabra poco fluida no parece la mejor idea del mundo. Así lo pensó Moisés y así se lo manifestó a Dios. Dicho de otro modo: *«Señor, no tengo el perfil que se requiere para una misión de este tipo».*

Como veremos más adelante, poco a poco y de forma paciente, Dios fue desmontando todas las barreras presentadas por Moisés. Finalmente, Moisés tuvo que ser sincero, franco y directo con Dios, y decirle lisa y llanamente que preferiría que el honor de realizar semejante misión le fuera concedido a otra persona; que si de él dependiera, preferiría dejar pasar el ofrecimiento.

A cada una de las objeciones presentadas por nuestro protagonista, Dios dio una respuesta; y del mismo modo que las excusas de Moisés pueden ser válidas en nuestro caso, también lo es la respuesta del Señor.

En primer lugar, Dios respondió afirmando claramente que él sabe a quién envía. El Dios que llama a la misión sabe perfectamente a quién está llamando para llevarla a cabo. La Biblia está llena de hombres indignos, sin currículo, sin antecedentes ni pedigrí que fueron comisionados por el Señor para llevar a cabo grandes hazañas. La inmensa mayoría de los héroes de la fe fueron personas vulgares y corrientes como cualquiera de nosotros.

En segundo lugar, Dios contestó afirmando que conoce perfectamente las debilidades, carencias y falta de preparación de aquellos a los que llama. Dios no escoge necesariamente a las personas más capaces; muy por el contrario, Dios capacita a aquellos a los que llama a servirle en su obra. Vemos en muchas ocasiones, no solo en la Biblia sino también en la historia de la cristiandad, que Dios ha usado hombres débiles, dependientes y frágiles. Y precisamente lo ha hecho para poner de manifiesto que únicamente su presencia e intervención podía explicar lo que aquellos hombres llevaron a cabo.

En tercer lugar, el Señor respondió prometiéndole acompañarlo con su presencia y proveyendo todos los recursos necesarios para que él pudiera cumplir con la tarea encomendada. Cuando Dios comisiona, él compromete su presencia, y a su tiempo provee los recursos humanos, materiales y espirituales necesarios para llevar a cabo la obra que nos ha encargado. La vida de Moisés así lo puso de manifiesto.

APLICACIÓN EN UN MUNDO POSMODERNO

Uno de los rasgos que definen a la sociedad posmoderna es la fragilidad y la debilidad de las lealtades y los compromisos entre las personas.

En este tipo de sociedades las personas huyen, en la medida en que les es posible, de todo tipo de compromisos. La razón es sencilla: los compromisos suelen implicar pagar un costo. En ocasiones, ese precio puede resultar muy alto e interrumpir nuestra hedonista búsqueda de autocomplacencia y gratificación, o resultar una molestia.

Dios plantea desafíos a cada creyente y todos somos conscientes de que ellos pueden obligarnos a alterar nuestra conducta, nuestros valores, nuestras prioridades y, en definitiva, nuestro preciado y valorado modo de vivir. Obedecer y responder a la misión del Señor puede producirnos dolor, sufrimiento, inseguridad, riesgos y un estilo de vida menos gratificante, si se mira desde un punto de vista hedonista y autocomplaciente.

Como consecuencia, le planteamos objeciones o excusas a Dios. Sin duda, todas ellas son razonables, tienen su peso, su justificación, su razón de ser, y en definitiva, tienen sentido. Moisés plantea el reto de saber vencer nuestras barreras y aceptar la misión para hacer las cosas imposibles que Dios nos encomienda.

Estudio 14

JOSUÉ: HAY COSAS QUE SON CLARAS COMO EL AGUA ¿O NO?

TEXTO BASE: Josué 9

ACOMPAÑAMIENTO ESPIRITUAL

IDEA CLAVE:

En una sociedad donde el ser humano se cree autosuficiente es fácil tomar decisiones sin tener en cuenta a Dios y sus criterios.

OBJETIVOS

DE CONOCIMIENTO

- Explicar los criterios que usaron Josué y el resto de los dirigentes de Israel para tomar la decisión con respecto a los habitantes de Gabaón
- Conocer y explicar lo que nos dice el libro de Proverbios acerca de la toma de decisiones

DE CONVICCIONES (VERDADES INTERIORIZADAS)

- Tener en cuenta que en ocasiones la realidad no es lo que aparenta ser, por lo tanto, resulta necesario conocer la perspectiva de Dios a la hora de tomar decisiones

DE CONDUCTAS

- Analizar y buscar situaciones en las que sea necesario aplicar la perspectiva de Dios
- Buscar el punto de vista del Señor en lugar del criterio propio

LAS COSAS NO SIEMPRE SON LO QUE APARENTAN SER

Josué es uno de los grandes personajes del Antiguo Testamento. De hecho, es una de las honrosas excepciones que acabaron bien, que fueron fieles hasta el final de sus días. Tenemos que ser conscientes de que, lamentablemente, no es posible decir lo mismo de muchos otros.

Josué fue el fiel ayudante de Moisés durante los cuarenta años de peregrinaje por el desierto antes de entrar en la tierra prometida.

Josué y Caleb fueron los únicos dos espías que dieron un informe positivo y lleno de fe acerca de las posibilidades que Israel tenía de adueñarse de la tierra prometida por Dios. Por esa razón, el Señor le permitió entrar en aquella tierra.

A lo largo de los primeros capítulos del libro que lleva su nombre, vemos el modo en que el liderazgo de Josué sobre Israel se va consolidando poco a poco. En varias ocasiones se nos indica que el Señor estuvo de su lado e hizo que su autoridad creciera en medio del pueblo.

Josué también supo desempeñarse cuando tuvo que enfrentar situaciones de crisis. Cuando el pecado de Acán convirtió en culpable a todo el pueblo, atacó el problema de frente y extirpó la maldad de en medio de Israel para volver a contar con el favor de Dios.

Como ya se ha indicado con anterioridad, Josué es un positivo ejemplo de fidelidad, por haber caminado con el Señor hasta el fin de sus días. Los capítulos 23 y 24 de su libro nos indican que fue íntegro y recto hasta su muerte y que animó y exhortó a Israel a reconocer el cumplimiento de las promesas de Dios y a mantenerse fiel al Señor, huyendo de la idolatría.

Josué también se reveló como un profundo conocedor del carácter humano. En el capítulo 24 señaló la incapacidad que Israel tendría para mantenerse fiel al Señor. Muchos años de liderazgo al frente de Israel le habían dado una comprensión muy clara de la fragilidad e inconstancia de carácter de aquel pueblo. Su profecía se vio ampliamente demostrada por lo sucedido, narrado en el libro de los Jueces.

No obstante Josué también tuvo sus inconsistencias y podemos aprender de ellas. Los gabaonitas supieron ponerlo en un buen aprieto.

Se nos dice que los habitantes de Gabaón eran más listos que el hambre y supieron interpretar muy bien la realidad que les tocaba vivir. Se dieron cuenta de su incapacidad para derrotar a Israel porque el Señor luchaba de parte del pueblo escogido.

Actuaron como dice el refrán: *«Si no puedes vencer a tu enemigo, únete a él»*. Y tramaron un ardid bien pensado, bien realizado y que dio el fruto que ellos esperaban: lograron engañar a Josué y al resto de los dirigentes del pueblo de Israel.

Josué pecó por exceso de confianza en sí mismo y en su capacidad para conocer, entender y evaluar las situaciones. Confió en su buen juicio y en sus propios criterios y en base a ello tomó la decisión que consideró más pertinente.

Josué se dejó llevar por los indicadores que tenía delante de sus ojos. Estos parecían tan claros, tan obvios y la situación tan contundente que no creyó que fuera necesario consultar al Señor acerca de todo ello. Josué se consideró lo suficientemente autónomo como para no precisar de la sabiduría y el discernimiento de Dios para tomar las decisiones correctas en relación con el asunto que tenía entre manos. Sin duda olvidó que las cosas, muy a menudo, no son lo que parecen a primera vista.

Tres días después el pueblo se dio cuenta de que había sido engañado. Para entonces ya era demasiado tarde y ellos no estaban en condiciones de volverse atrás del juramento hecho en el nombre del Señor.

Josué y el resto del pueblo tuvieron que pagar las consecuencias de haber tomado decisiones precipitadas y sin consultar al Señor. Los gabaonitas siempre vivieron en medio de ellos y fueron uno de los pueblos que, posteriormente, constituyeron una tentación permanente para Israel.

APLICACIÓN EN UN MUNDO POSMODERNO

La sociedad posmoderna es una sociedad humanista. El hombre es el centro y además es autónomo y autosuficiente con respecto a Dios. Por tanto, puede tomar sus propias decisiones, basadas en sus propios criterios, en su juicio y capacidad de discernimiento sin necesidad de recurrir a la sabiduría que pueda venir del conocimiento de Dios y su Palabra.

Hay algunos factores que no tenemos en cuenta. Primero, nuestro conocimiento no es total y completo, tampoco es objetivo y real. Nuestra humanidad y nuestro intelecto se vieron afectados por el pecado y nuestra rebelión contra Dios. Segundo, el carácter engañoso del corazón humano. En muchas ocasiones vemos aquello que queremos ver, es decir, lo que nos conviene, lo que queremos, lo que deseamos y del mismo modo, dejamos de ver aquello que no deseamos percibir. Es por ello que la Escritura nos dice que *«Hay caminos que al hombre le parecen rectos, pero que acaban por ser caminos de muerte»* (Proverbios 14:12).

Josué es un buen ejemplo de la necesidad que tenemos los cristianos de buscar y considerar la voluntad de Dios antes de tomar nuestras decisiones.

La historia de Josué nos enseña que la realidad no siempre es como aparenta ser, y por tanto, nuestros criterios y capacidad de juicio y evaluación no siempre son adecuados para tomar decisiones.

Lo que le ocurrió a Josué nos advierte acerca del peligro y la temeridad de no consultar al Señor y dar por sentado que entendemos y sabemos cómo proceder delante de los retos y desafíos que vivir en una sociedad posmoderna nos plantea.

Josué, en definitiva nos desafía, con su ejemplo negativo, a seguir las palabras que aparecen en el libro de Proverbios: *«Confía en el SEÑOR de todo corazón, y no en tu propia inteligencia. Reconócelo en todos tus caminos, y él allanará tus sendas. No seas sabio en tu propia opinión; más bien, teme al señor y huye del mal»* (Proverbios 3:5-7).

Estudio 15

ACÁN: ECOSISTEMAS SOCIALES

TEXTO BASE: Josué 7

ACOMPAÑAMIENTO ESPIRITUAL

IDEA CLAVE:

A pesar del individualismo rabioso de la sociedad posmoderna, no podemos olvidar que formamos parte de comunidades y que nuestras decisiones tienen consecuencias para otros.

OBJETIVOS

DE CONOCIMIENTO

- Reconocer el concepto de solidaridad corporativa
- Explicar lo que significa que vivimos en ecosistemas sociales

DE CONVICCIONES (VERDADES INTERIORIZADAS)

- Tener en cuenta que al vivir en un ecosistema social, no se deben tomar decisiones ni llevar a cabo conductas sin pensar las posibles repercusiones que tendrían sobre otros miembros de ese hábitat

DE CONDUCTAS

- Evaluar y pensar qué secuelas tendrán sobre el ecosistema social las diferentes actitudes, comentarios, motivaciones, acciones u omisiones que llevemos adelante

INTERDEPENDENCIA

Dios le dio a Josué la orden de tomar la ciudad de Jericó. El Señor había indicado que todo debía ser destinado al exterminio y que nadie debía tomar nada para sí, corriendo el peligro de poner a todo el pueblo de Israel bajo maldición y acarrearle desgracia.

Según relata el capítulo siete del libro de Josué, Acán desobedeció la orden dada por Dios y se quedó para sí un manto de Babilonia (seguramente una pieza de tela de gran valor), doscientas monedas de plata y una barra de oro que pesaba más de medio kilo. Realmente se trataba de una considerable fortuna que tentó su codicia.

La acción de Acán tiene una interpretación teológica que el mismo libro de Josué se encarga de darnos en el versículo 1 (DHH): *«Pero un miembro de la tribu de Judá, que se llamaba Acán y era hijo de Carmí, nieto de Zabdí y bisnieto de Zerah, tomó varias cosas de las que estaban consagradas a la destrucción, con lo cual todos los israelitas resultaban culpables ante el Señor de haber tomado lo que él había ordenado destruir. Por eso la ira del Señor se encendió contra ellos».*

Sucedió tal y como el Señor había dicho por medio de Josué: todos los israelitas fueron considerados culpables y cayó sobre ellos la desgracia. Fueron derrotados cuando intentaban conquistar la ciudad de Hai, una pequeña población no demasiado importante.

El pecado exigía reparación y las consecuencias recayeron no solo sobre Acán, sino también sobre toda su familia: *«...los israelitas apedrearon a Acán y a los suyos, y los quemaron».*

Todo esto nos produce gran sorpresa a los que vivimos en la cultura occidental. Desde nuestra perspectiva, el hecho de que personas inocentes tengan que pagar por el pecado cometido por otras nos parece totalmente inconcebible. Desde la perspectiva occidental, radical y rabiosamente individualista, se nos hace algo totalmente injusto e inaceptable.

Sin embargo, no es así en todas las culturas y no era así en la cultura del Antiguo Testamento. En aquellas culturas imperaba el concepto de la solidaridad corporativa.

La solidaridad corporativa significa que un individuo representa a todo un colectivo y todo ese colectivo está identificado en ese individuo. Sería similar al concepto de que el cuerpo es uno aunque los miembros sean muchos. Si un miembro del cuerpo hace algo, todo el cuerpo sufre y padece las consecuencias.

Desde el punto de vista de la solidaridad corporativa, todo un colectivo es responsable de las acciones de un único individuo. De ahí que todo Israel fuera responsable por el pecado de Acán, aunque no hubiera participado directamente de él; y no solo eso sino que todos sufrieron las consecuencias.

Muchas culturas en nuestro planeta continúan funcionando con este principio que hace que el colectivo sea más importante que el individuo. Además, tampoco es tan lejano a nuestra cultura contemporánea. Romeo y Julieta, la famosa obra teatral del dramaturgo inglés, ilustra muy bien esta idea. Todos los Montesco y los Capuletto eran culpables de algo que alguien alguna vez había hecho y nadie recordaba qué o quién había sido. La triste vendetta de la mafia siciliana va en la misma dirección. Cualquier integrante de la familia es responsable y debe ser castigado por lo hecho por otro miembro.

No podemos negar que el tema resulta chocante y nos crea tensión, ¿verdad? Sin embargo, la propia Biblia matiza la temática de la solidaridad corporativa. En el capítulo 18 de Ezequiel se nos habla de la responsabilidad personal de cada individuo en relación con Dios.

De todos modos descubrimos un principio claramente aplicable. Somos un cuerpo, una comunidad, un colectivo, una familia. Esto implica una realidad de interdependencia; cuando uno sufre, todos sufren; cuando uno está gozoso, todos lo están.

APLICACIÓN EN UN MUNDO POSMODERNO

Bajo el prisma de la interdependencia, nuestras motivaciones, actitudes y acciones dejan de ser única y exclusivamente algo personal ya que pueden tener implicancias muy serias sobre terceras personas.

Nuestra conducta puede repercutir negativamente en el testimonio cristiano, privando de credibilidad al mensaje, no solo ante los ojos de los no creyentes, sino también de los creyentes que tienen puesta su confianza y referencia en nosotros.

El modo en que nos conducimos puede dañar las vidas de terceras personas. Una vida condicionada por una adicción, las drogas, el alcohol, el sexo, puede tener serias repercusiones físicas y psíquicas sobre la vida de los descendientes.

Ya hemos mencionado en más de una ocasión el peligroso carácter individualista de la sociedad posmoderna. Este tipo de sociedad nos anima a mirar por nosotros mismos y por nuestras necesidades y deseos como si viviéramos totalmente solos y aislados y ellos no fueran a tener ningún tipo de repercusión sobre otras personas.

No podemos, ni debemos, olvidar que vivimos en «ecosistemas sociales» en que todas las piezas de los mismos son interdependientes y están más íntimamente relacionadas. Cualquier acción individualista por parte de uno de los miembros de un ecosistema social tendrá repercusiones que no siempre podremos prever o calibrar.

La historia de Acán nos desafía a pensar y plantearnos el concepto de comunidad, cuerpo e interdependencia y, por tanto, a meditar seriamente sobre el impacto que pueden tener nuestros pensamientos, motivaciones, actitudes y, naturalmente, nuestras acciones sobre la vida de los demás.

Estudio 16

JEFTÉ: PERO, ¿QUIÉN TE HA MANDADO SEMEJANTE BARBARIDAD?

TEXTO BASE: Josué 10-11

GRUPO GRANDE

IDEA CLAVE:
Cuando desconocemos el carácter y la voluntad de Dios podemos vivir y tomar decisiones que pueden tener consecuencias desastrosas para nosotros y los nuestros.

OBJETIVOS

DE CONOCIMIENTO

- Conocer el ciclo del libro de Jueces
- Explicar por qué la decisión de Jefté no fue acorde con el carácter de Dios

DE CONVICCIONES (VERDADES INTERIORIZADAS)

- Considerar que es posible tomar decisiones o vivir situaciones que no sean acordes a la voluntad y el carácter de Dios
- Tener en cuenta que no todo lo religioso es necesariamente coherente con el carácter del Señor y su voluntad

DE CONDUCTAS

- Identificar situaciones personales en las que se estés viviendo bajo expectativas o cargas que no provienen de Dios

¿QUIÉN TE HA PEDIDO SEMEJANTE PROMESA?

El libro de los Jueces describe la dinámica que vivió el pueblo de Israel durante varios siglos. Este proceso comenzaba siempre con un **alejamiento de Dios.** Generalmente el pueblo se olvidaba del Señor y caía en la idolatría alejándose de los caminos de Dios.

Como consecuencia, tal y como Dios había anunciado en el libro de Deuteronomio, el Señor **disciplinaba a su pueblo.** El modo habitual en que lo realizaba era a través de la invasión y el sometimiento a un pueblo extranjero, que los oprimía y arrasaba el país.

Llegaba un momento en que el pueblo tomaba conciencia de que la situación que estaba viviendo era una consecuencia de su pecado, y por tanto **clamaba al Señor** con una actitud de arrepentimiento por su trasgresión.

Dios **levantaba un libertador.** Este libertador era usado por el Señor para vencer a los enemigos y habitualmente terminaba convirtiéndose en el caudillo de Israel por un tiempo.

La liberación traía una **época de paz** durante la que Israel gozaba de una cierta estabilidad y prosperidad, generalmente bajo el gobierno del caudillo levantado por Dios. Pero a su muerte, el proceso descrito volvía a repetirse.

Jefté fue uno de esos hombres que el Señor, el Dios de Israel, levantó para traer liberación a su pueblo. Como vemos en el pasaje de Jueces, Jefté creyó y confió en el Señor para obtener la victoria sobre los enemigos de Israel. Actuó en base a eso, y se lanzó al ataque contra los opresores de su pueblo. En respuesta a su fe el Señor le concedió la victoria. En ese punto nuestro personaje es digno de ser reconocido y valorado.

Sin embargo, Jefté obró de una manera incoherente y alocada. Hizo una promesa descabellada: Si el Señor le concedía la victoria, él ofrecería en sacrificio a Dios la primera persona de su casa que saliera a recibirlo.

Semejante ofrenda reflejaba un claro desconocimiento del carácter de Dios y también de su voluntad. Dios nunca le había pedido que hiciera algo semejante. Más aún, el Señor claramente indicaba en su Palabra que el aborrece este tipo de prácticas. Eran abominación para Dios cuando las ofrecían los pueblos vecinos de Israel. ¿Cómo no iban a serlo si su propio pueblo escogido las llevaba a cabo?

La ayuda que Dios le proporcionó a Jefté no se vinculaba con la promesa irreflexiva hecha por el libertador. Nuestro personaje obró con expectativas basadas en un total desconocimiento de cómo es Dios, de su carácter y de su voluntad. A raíz de eso, como lo indica el texto bíblico, sufrieron él y su hija las consecuencias de esa decisión basada en una total falta de comprensión con respecto a Dios y lo que él desea de sus fieles.

APLICACIÓN EN UN MUNDO POSMODERNO

Uno de los peligros de la sociedad posmoderna es la oferta de una «religión a la carta» en la que cada persona se confecciona una religión a la medida personal de sus propios deseos y necesidades.

Parte de este proceso es hacerse un dios a medida, un dios propio. Una vez creado ese dios personal, comenzamos a tener expectativas con respecto a él: cómo debe ser, cómo debe actuar y qué podemos esperar de su persona. Además, solemos actuar en base a esas falsas expectativas que hemos imaginado.

Naturalmente el auténtico Dios no se siente atado ni ligado por esas falsas expectativas que nosotros hemos creado, y por tanto no las cumple. Consecuentemente, muchos de nosotros experimentamos la decepción de no ver nuestros anhelos satisfechos; o lo que es peor, de tener que sufrir las consecuencias de las malas elecciones que realizamos basándonos en ellos.

Otro de los peligros es que muchos creyentes se ven abrumados por cargas, compromisos y situaciones que otros han puesto sobre ellos en el nombre del Señor, pero que él nunca pidió ni exigió. Son cargas que tienen que ver con la religión, las expectativas de otros, de la cultura, incluso de la iglesia.

El relato de Jefté nos desafía a no actuar en base a una idea errónea de Dios, sino más bien a esforzarnos por conocerlo, por descubrir su carácter y su voluntad para nuestras vidas.

Estudio 17

SAMUEL 1: ¡OIGO VOCES!

TEXTO BASE: 1Samuel 3 GRUPO GRANDE

IDEA CLAVE:
Nuestra vida se caracteriza por la multiplicidad de voces y estímulos que reclaman nuestra atención y dedicación; discernir la voz de Dios en medio de ello es un gran desafío.

OBJETIVOS

DE CONOCIMIENTO

- Saber que Dios continúa hablando
- Aprender a reconocer la voz del Señor no siempre es fácil, especialmente si no hay experiencias previas

DE CONVICCIONES (VERDADES INTERIORIZADAS)

- Saber que Jesús ha prometido que seremos capaces de escuchar y reconocer su voz
- Para aprender a oír a Dios es bueno cultivar actitudes como las de Samuel

DE CONDUCTAS

- Identificar situaciones en las que necesitamos escuchar la voz de Dios
- Dedicar un tiempo a «desconectarnos» de todas las otras voces y escuchar solo a Dios

OIGO VOCES

Dice el libro de Samuel en el versículo 1 del capítulo indicado más arriba que en esos tiempos no era común oír palabra del Señor. Con escasa frecuencia, alguna que otra vez, se recibía un mensaje del Señor a través de unos pocos.

No sabemos las causas. La Biblia no nos las indica de forma explícita y clara; sin embargo, el contexto de la historia nos da suficiente información como para que nos forjemos una idea.

El libro de Jueces narra la época histórica en que Israel carecía de un gobierno estable. Aquel período se caracterizó, como vimos al estudiar personajes como Jefté y Micaías, por la desobediencia y la rebeldía continuada de Israel y su alejamiento de Dios.

Probablemente en los días de Samuel continuara esta tónica espiritual. Elí no es descrito como un líder espiritual. Por el contrario, se censura la falta de disciplina hacia sus hijos y los desmanes que ellos cometían.

Los propios hijos de Elí, Ofni y Finés, sirven como ilustración del clima espiritual que imperaba en aquellos días. La conducta de ellos es duramente criticada en los capítulos 3 y 4 del primer libro de Samuel, lo que pone en evidencia que la corrupción en la vida del pueblo había llegado hasta la institución del sacerdocio, degradándola.

En este contexto encontramos a Samuel. Ya hemos hablado de las circunstancias sobrenaturales que rodearon su nacimiento y cómo desde su niñez fue dedicado al servicio de Dios en Silo, en el Tabernáculo.

El versículo 7 nos dice que Samuel, a pesar de estar al servicio del Señor, todavía no lo conocía. Sin duda se refiere a un conocimiento personal, íntimo y experimental; porque es evidente que sí existía la referencia intelectual y teórica de Dios.

Dios se revela a Samuel y lo llama por su nombre, ni más ni menos que cuatro veces. Vemos por el pasaje que a nuestro héroe le costó reconocer la voz de Dios. Le fue difícil discernir quién era el que estaba llamándolo.

Esta dificultad para reconocer la voz del Señor es natural si tomamos en cuenta la ausencia de referentes que tenía Samuel. Dios nunca le había hablado, y como hemos indicado anteriormente haciendo mención al texto bíblico, en aquellos días el Señor casi no le hablaba a nadie.

Algo hizo bien Elí. Comprendió que era el propio Dios el que estaba hablando con Samuel, que él era quien lo llamaba y le indicó que si aquella voz se manifestaba de nuevo, respondiera con solicitud. Situación que ocurrió.

Hay un par de cosas interesantes que vemos en Samuel. Lo primero, es que oyó, escuchó; aunque no supo discernir quién hablaba. Lo segundo, es que cuando comprendió que era el Señor se mostró solícito y disponible para escuchar y obedecer. *«Habla, que tu siervo escucha»*. Debemos ver en esta respuesta mucho más que palabras. Expresa un sentimiento, una voluntad, una disposición y una sumisión (de siervo) obediente a la voz de Dios.

APLICACIÓN EN UN MUNDO POSMODERNO

En el capítulo 10 de Juan (el pasaje del buen pastor) Jesús indica tres veces que su ovejas (nosotros) tienen la capacidad de oír su voz y de reconocerla. Es una promesa dada a todos aquellos que a lo largo de los siglos han tomado la decisión de seguir al Maestro.

Ahora bien, en la sociedad posmoderna no es fácil escuchar la voz del Maestro. No es que él no hable: sigue hablando a través de su Palabra, de su Espíritu (que da testimonio a nuestro corazón), por medio de otros creyentes y de las circunstancias. El problema radica, por un lado, en que no todo el mundo escucha; y por el otro, en que hay demasiada contaminación acústica a nuestro alrededor que hace difícil el poder escuchar y reconocer su voz.

Del mismo modo en que al entrar en una habitación totalmente a oscuras nuestros ojos necesitan acostumbrarse a la oscuridad para poco a poco ir discerniendo y adquiriendo la capacidad de ver, de la misma manera nuestros «oídos espirituales» necesitan acostumbrarse a escuchar y reconocer la voz del Maestro en medio de todas las voces políticas, culturales, sociales e ideológicas que hay a nuestro alrededor.

Para poder discernir la voz del Señor en medio de tanto ruido espiritual, hay que cultivar las actitudes que observamos en Samuel: dedicar tiempo a Dios, tener el deseo de escuchar y mostrar la disposición a obedecer.

Samuel representa para nosotros el desafío de tener disposición y voluntad de buscar oír y discernir la voz de nuestro Pastor, paciente y activamente en medio de toda la contaminación acústica espiritual presente en nuestra sociedad posmoderna. Y hacerlo con el deseo y el propósito que alentó a Samuel: escuchar para obedecer.

Estudio 18

SAMUEL 2: SI CHRISTIAN DIOR ELIGIERA REY

TEXTO BASE: 1 Samuel 16 ACOMPAÑAMIENTO ESPIRITUAL

IDEA CLAVE:
La sociedad posmoderna valora más la estética que la ética.
La perspectiva de Dios es diferente.

OBJETIVOS

DE CONOCIMIENTO

- Describir los criterios que usa la sociedad posmoderna para valorar a las personas
- Explicar el significado del corazón desde la perspectiva bíblica

DE CONVICCIONES (VERDADES INTERIORIZADAS)

- Saber que Dios valora el interior, el corazón y el carácter de cada uno
- Cuidar el corazón porque de él nace mi estilo de vida

DE CONDUCTAS

- Evaluar la vida a la luz de esta enseñanza bíblica, discernir a qué dar prioridad y qué cambios hacer

CUESTIONES DEL CORAZÓN

La desobediencia repetida de Saúl provocó que Dios decidiera buscar otro rey para gobernar a Israel. El profeta Samuel recibió el encargo de encontrarse con él y ungirlo como nuevo gobernante del pueblo de Dios.

Imaginemos por un momento cómo sería recibir el mismo encargo de parte del Señor. ¿Qué criterios usaríamos nosotros a la hora de escoger un nuevo gobernante para el pueblo? Podemos ser espirituales y políticamente correctos en nuestra respuesta, pero sin embargo, para ser sinceros, debemos admitir que estos son algunos de los criterios que usaríamos: experiencia militar y política previa, capacidad de mando, currículum profesional y académico, relaciones con el poder económico.

Samuel usó los mismos criterios lógicos que cualquiera de nosotros hubiéramos utilizado. Cuando fue a visitar a la familia de Isaí echó mano a los criterios culturales y de sentido común que cualquier otro ser humano hubiese considerado oportunos.

Para comenzar, tomó en cuenta las pautas culturales según las cuales el hijo mayor (el primogénito) debería ser el escogido de Dios. Pero no fue así. A juzgar por los comentarios del Señor mencionados en el mismo pasaje, todo parece indicar que otros criterios usados por él fueron la buena presencia física, el poder, el estatus y cosas por el estilo. Para decirlo de manera rápida y sencilla, Samuel, como cualquiera de nosotros, se rigió por criterios externos, por lo aparente, por aquello que está a nuestro alcance juzgar.

Sin embargo, el pasaje nos sorprende cuando el propio Dios indica que él usa otros criterios para juzgar, valorar y clasificar a las personas. Para Dios lo importante no es lo exterior; lo que realmente cuenta ante sus ojos es aquello que nosotros no tenemos la capacidad de ver, juzgar o valorar: el corazón.

La Biblia habla mucho y muy a menudo del corazón. Para nosotros, los occidentales, el corazón tiene un significado muy diferente del que poseía para el pueblo de Israel; y es importante que lo sepamos.

En la concepción occidental del mundo, el corazón es el lugar en el que radican y se producen las emociones (el amor, el odio, la envidia, la tristeza, y todas las demás). Identificamos el corazón con los sentimientos y las emociones del ser humano.

No era lo mismo para los judíos. En su concepto del mundo, el corazón era el centro de control de la vida. Allí se tomaban las decisiones, se determinaba la manera en que una persona viviría y las conductas que desarrollaría.

Por eso la Biblia afirma que el corazón de una persona determina cómo es ella. No en vano la Palabra de Dios indica: «*Por sobre todas las cosas cuida tu corazón, porque de él mana la vida*» (Proverbios 4:23). «*Nada hay tan engañoso como el corazón. No tiene remedio. ¿Quién puede comprenderlo? Yo, el SEÑOR, sondeo el corazón y examino los pensamientos, para darle a cada uno según sus acciones y según el fruto de sus obras*» (Jeremías 17:9-10).

El corazón es tan importante que la Biblia señala, por boca del profeta Jeremías, que el Señor nos daría un corazón nuevo. Esto es comprensible ya que el propio Jesús indicó en los evangelios que del interior del ser humano, de su corazón, es de donde provienen todas las cosas malas.

Dios fue muy claro en sus comentarios, no se trata de lo que el hombre puede ver, lo externo, lo superficial, lo aparente, lo estético. Se trata del interior, de aquello que él escudriña e investiga. Se trata del corazón.

APLICACIÓN EN UN MUNDO POSMODERNO

Cuando los escritores deben describir la sociedad posmoderna, en una de las cosas en las que todos coinciden es que en este tipo de sociedad, la ética ha muerto a manos de la estética y la moral a manos de la belleza.

En una sociedad de esta clase es más importante lo que aparentamos que lo que somos. Es más importante nuestro estatus, nuestro «look» que nuestras convicciones o nuestro carácter.

Es la sociedad de la gente guapa, de la gente bonita, de la gente atractiva en su físico y en sus signos de estatus. No importa cómo sean por dentro, lo importante es cómo se vean y, aún más crucial, cómo otros los vean por fuera.

No es de extrañar que una sociedad de este tipo eleve a la categoría de ídolos a personas que tengan un gran atractivo estético y de belleza, aunque carezcan de todo tipo de atractivo ético y moral.

Los seguidores de Jesús estamos expuestos a la misma presión de dos formas diferentes. La primera, nos lleva a valorar a otros de la misma manera que la sociedad lo hace, dejando de lado los criterios de Dios. La segunda, nos lleva a cuidar y desarrollar en nuestra vida lo que la sociedad valora desatendiendo, nuevamente, lo que el Señor aprecia.

Samuel aprendió una lección que representa un desafío para nosotros. El reto de cultivar más nuestra ética que nuestra estética. El desafío de valorar a los demás no por su apariencia, es decir, usando los criterios sociales; sino por su corazón, o sea, usando los criterios de Dios.

LA PRESIÓN EN LA SOCIEDAD POSMODERNA

Los seguidores de Jesús hemos de vivir siempre en medio de sociedades que a menudo son hostiles. Esta hostilidad se debe a la diferencia, es decir, al hecho de que sostenemos valores, prioridades y, en fin, una forma de ver la vida diferente y, en ocasiones, rabiosamente contraria a la de la sociedad que nos alberga.

Un claro ejemplo histórico fue la persecución que sufrieron los primeros seguidores de Jesús porque se negaron a adorar al César y reconocer su carácter divino. Para ellos, aquello era algo inaceptable y se resistieron a la presión del imperio que, ante su negativa a conformarse, reaccionó de forma violenta dando lugar a las persecuciones y llevando a muchos creyentes al martirio.

Si miramos al pueblo de Israel veremos que hay dos maneras negativas de reaccionar ante la presión. **La primera** es la conformidad. Cuando el pueblo Israel estaba a punto de entrar en la tierra prometida fue advertido por Dios del peligro de tomar las costumbres y el estilo de vida de los pueblos vecinos, es decir, el riesgo de conformarse a ellos.

Conformidad es tomar la forma de la sociedad que te alberga. Volverse similar, y al hacerlo, perder por completo el hecho diferencial y por tanto la capacidad de influir sobre el entorno. Esto sucedió con Israel que, de forma repetida, cayó en la idolatría al imitar a los pueblos vecinos en su estilo de vida.

El resultado fue la destrucción de Israel, en primer lugar, a manos de los asirios y, posteriormente, de Judá a manos de los babilonios y el exilio del pueblo durante setenta años.

***La segunda** manera negativa de reaccionar ante la presión* es el aislamiento. Es decir, vivir totalmente al margen de la sociedad que nos rodea y alberga. Convertir nuestra vida en algo completamente segregado y vivir en auténticos guetos culturales y sociales.

Es lo que hizo el pueblo escogido al volver de Babilonia. Se fue al extremo opuesto del péndulo y se cerró totalmente a cualquier tipo de interacción con los pueblos vecinos. Estos, los gentiles, eran despreciados por el pueblo judío que se consideraba moral, cultural y socialmente muy por encima de ellos.

Sin embargo, por atractiva y protectora que parezca esta opción, tampoco es correcta. El aislamiento nos impide tener influencia y una voz profética en nuestro mundo. Jesús mismo, en su oración sacerdotal al Padre que encontramos en Juan 17, pidió que *no fuéramos quitados del mundo, sino que fuésemos guardados del mal.*

El seguidor de Jesús no puede aislarse de un mundo al que está llamado a servir y a dar luz. Eso sí, está también llamado a no conformarse a él.

En los capítulos siguientes veremos dos ejemplos relacionados con esto, uno negativo de alguien que sucumbió a la presión del entorno, y otro ejemplo positivo, que constituye una muestra de cómo afrontar la presión y resistirla aunque sea pagando un alto precio.

LA PRESIÓN 1   **Estudio 19**

SAÚL: BAJO PRESIÓN

TEXTO BASE: 1 Samuel 13–15

GRUPO PEQUEÑO
ACOMPAÑAMIENTO ESPIRITUAL
TIEMPO CONCENTRADO

IDEA CLAVE:

El hombre posmoderno, al practicar una ética circunstancial, no duda en cambiar sus valores cuando se encuentra bajo presión.

OBJETIVOS

DE CONOCIMIENTO

- Conocer y describir qué presiones afrontó Saúl, cómo las manejó y qué consecuencias tuvo que experimentar

DE CONVICCIONES (VERDADES INTERIORIZADAS)

- Saber que la sociedad posmoderna ejercerá presión a través de personas y circunstancias para que uno viva según ese estilo de vida y desobedezca los principios de Dios

- Ser consciente del tipo de presiones circundantes, cómo afectan el estilo de vida y cómo hacer para enfrentarlas

DE CONDUCTAS

- Analizar el propio estilo de vida y discernir si uno está tomando la forma del contexto, identificar de dónde provienen esas influencias, cómo me afectan y desarrollar estrategias para afrontarlas

BAJO PRESIÓN

Saúl tuvo la gran ventaja de comenzar su reinado contando con la dirección espiritual de Samuel. Samuel lo orientaba en las decisiones espirituales que debía tomar, le comunicaba con claridad el modo en que tenía que proceder en las funciones reales relacionadas con la religión de Israel, y le transmitía las órdenes de Dios y lo que esperaba de él.

Dios tenía grandes expectativas para Saúl. Fueron precisamente estas grandes expectativas y la confianza depositada en él las que hicieron que el Señor quisiera confirmarle el reino y la dinastía, tanto a Saúl como a sus sucesores.

Sin embargo, los pasajes que hemos leído nos muestran que Saúl era una persona que solía ceder ante las presiones, y en consecuencia tomaba decisiones equivocadas e incluso dañinas para él y para las personas que se encontraban bajo su dirección y liderazgo.

Además, su manera de reaccionar ante la presión lo llevaba no solo a tomar decisiones equivocadas, sino también a ir de forma abierta y explícita contra la voluntad expresa de Dios.

Hay dos casos en los que esto resulta evidente. El primer caso fue el sacrificio en Guilgal. Samuel le pidió a Saúl que esperara hasta que él llegara para ofrecer el sacrificio al Señor antes de la batalla. Sin embargo, el ejército filisteo presionaba sobre el campamento israelita y los soldados de Saúl estaban desertando de forma continuada. Y por si eso fuera poco, Samuel no llegaba. La presión de las circunstancias llevó a Saúl a actuar de forma precipitada y a ofrecer el sacrificio al Señor, algo que le estaba expresamente vedado ya que, por un lado no era sacerdote, y por el otro, Samuel le había dicho que tenía que hacerlo él.

El segundo caso fue la destrucción de los amalecitas. En esa ocasión, como en la anterior, el rey había recibido órdenes expresas de Dios por medio de Samuel. El relato indica que volvió a desobedecerlas. Además, en este caso trató de espiritualizar su desobediencia diciendo que los animales habían sido preservados para ser ofrecidos en sacrificio al Señor. Cuando fue confrontado por Samuel y él le señaló que la obediencia valía más que cualquier holocausto y que la desobediencia equivalía al pecado de idolatría, Saúl reconoció que había cedido ante las presiones de sus hombres y que por eso había mantenido con vida lo mejor del ganado.

Notamos por estos dos pasajes que el rey no supo resistir la presión de las circunstancias ni la de la gente. En ambos casos sucumbió, y como consecuencia perdió el reino para él y también para sus descendientes. Con Saúl acabó toda una dinastía que pudo haber sido, pero que nunca llegó a ser.

APLICACIÓN EN UN MUNDO POSMODERNO

Las presiones sobre los cristianos son y serán una moneda cada vez más corriente en la sociedad posmoderna. Las fuentes que ejercen esta presión son variadas. Por un lado, las circunstancias externas parecen tan irresistibles que pueden conducirnos a rebajar o incluso traicionar nuestras normas y valores morales.

Hay muchos lugares en las sociedades posmodernas donde mantener valores cristianos puede acarrear todo tipo de trabas. La pérdida de valores cívicos, el verse postergado, si no abiertamente discriminado, para el ejercicio de determinadas funciones públicas.

Por otro lado, podemos encontrarnos con las presiones de las personas que nos rodean para que no vivamos acorde con nuestra fe, valores y comprensión de la voluntad soberana de Dios. Las presiones pueden ser variadas y muy sutiles, de tipo social (exclusión de grupos, diferenciación, clasificación con distintivos peyorativos), económico (privación de privilegios) e incluso de tipo psicológico (burla, desprecio)

Lo que ocurrió con Saúl nos invita a reconocer la realidad de las presiones que como cristianos deberemos soportar para vivir nuestra fe. También es un convite a considerar de dónde provienen. Por último, en Saúl encontramos un claro ejemplo de lo importante, necesario y prioritario que resulta obedecer la voluntad de Dios y resistir todo tipo de presión.

LA PRESIÓN 2 — Estudio 20

SADRAC, MESAC Y ABEDNEGO: NO APTO PARA LOS QUE NO SOPORTAN EL CALOR

TEXTO BASE: Daniel 3

GRUPO PEQUEÑO
ACOMPAÑAMIENTO ESPIRITUAL
TIEMPO CONCENTRADO

IDEA CLAVE:

Nuestra sociedad nos presiona para que nos amoldemos a ella y renunciemos a nuestros valores, prioridades y estilo de vida.

OBJETIVOS

DE CONOCIMIENTO

- Saber definir el concepto de «conformarse»
- Ser capaz de explicar la tensión que se produce entre nuestra visión del mundo y la de la sociedad en la que vivimos

DE CONVICCIONES (VERDADES INTERIORIZADAS)

- Ser consciente de que el conformarse no es posible sin tener que pagar el precio de perder nuestros valores, prioridades y estilo de vida
- Descubrir que resistir la presión también implica pagar un precio

DE CONDUCTAS

- Ser capaz de analizar la propia vida, los valores, las prioridades, y contrastarlos con los de la sociedad en la que uno está inmerso. ¿Qué áreas de tensión se encuentran?
- Identificar qué precio debería pagar si me conformara, y cuál sería el costo si no lo hiciera

UNA TARDE AL ROJO VIVO EN BABILONIA

El rey Nabuconodosor tenía muchas ganas de un baño de multitudes, y como podía permitirse ese lujo, lo hizo.

Mandó construir una gran estatua, una representación de sí mismo y ordenó que se reunieran todos aquellos que ocupaban lugares de responsabilidad dentro del extenso reino de Babilonia.

Todos los funcionarios importantes de la corte, los gobernadores de las diferentes provincias, los diplomáticos, los jefes del ejército, los consejeros, los magistrados, los encargados de los tesoros, en fin, todos los colaboradores importantes del rey fueron convocados a rendir adoración y reconocimiento a la estatua del rey Nabuconodosor.

Para motivar a sus súbditos, el rey decretó que todo aquel que se negara a adorar a la estatua fuera desprovisto de todos sus cargos y además, fuera echado en un horno de fuego construido para tal efecto.

Debía ser tanta la gente que tenía que participar en semejante acto que hubo que realizarlo fuera de las murallas de la ciudad; según la Biblia, en una de las llanuras de la provincia de Babilonia.

Al sonido de la música preparada a este fin, todos los grandes dignatarios del reino tendrían que postrarse y reconocer a Nabuconodosor. Teniendo en cuenta la época en que este episodio tuvo lugar, podemos decir que las implicaciones eran claras: en la práctica se trataba de un acto de adoración a Nabuconodosor.

El acto dio comienzo y la música comenzó a sonar. Todos los participantes (cuyo número ignoramos) se postraron y reconocieron al rey. Bueno, no todos, un trío de judíos se negó a seguirle el juego al monarca y quedó en pie.

¿Puedes imaginar la conmoción que debió haber acontecido en la llanura de Dura, donde se estaba celebrando el baño de multitudes de Nabuconodosor? Sin duda, un creciente rumor se habrá propagado entre los asistentes. Tres personas se mantenían erguidas entre la multitud de funcionarios y gobernadores postrados ante la estatua del rey.

El monarca fue avisado de la situación. Sadrac, Mesac y Abednego se negaban a arrodillarse ante la estatua de Nabuconodosor y a reconocer a sus dioses. Ellos, comentaron, únicamente adoraban a su Dios. El rey los mandó llamar y los conminó a obedecer la orden de postrarse ante su estatua. «De lo contrario», afirmó, «serán lanzados de inmediato a un horno en llamas, ¡y no habrá dios capaz de librarlos de mis manos!».

¡Qué interesante la respuesta de nuestros tres protagonistas! Afirmaron que no iban a adorar la estatua del rey y que su Dios tenía el poder para librarlos de la muerte, pero que en caso de que decidiera no hacerlo, daba igual; tampoco iban a traicionarlo y postrarse ante la estatua del rey.

Cuenta el relato que el horno fue calentado al máximo posible y que los tres judíos fueron echados en él. Tanta era la temperatura que había levantado, que los soldados encargados de cumplir la orden no pudieron resistirlo.

La sorpresa vino para todos, incluido el propio rey. Los presentes pudieron ver que Sadrac, Mesac y Abednego continuaban con vida, paseándose por el horno, y que un cuarto personaje estaba con ellos.

Nabuconodosor reconoció que aquello se debía a la intervención divina y los mandó salir fuera del horno. Luego reconoció ante todos los altos funcionarios de la corte allí reunidos la integridad de los tres judíos que habían preferido enfrentar la muerte antes que traicionar sus creencias y valores, y renunciar a su estilo de vida. El rey ordenó que nadie hablara mal del Dios de nuestros amigos y, además, los promovió a un alto puesto en la provincia de Babilonia.

Dios premió la fidelidad, consecuencia e integridad de Sadrac, Mesac y Abednego. Sin embargo, cuando ellos asumieron el riesgo no tenían ninguna certeza ni seguridad de cómo resultaría todo aquello. Incluso afirmaron que Dios podría optar por no salvarlos, pero que a ellos les daba igual; de todos modos mantendrían su integridad.

APLICACIÓN EN UN MUNDO POSMODERNO

Nuestra sociedad no es neutral. Vivimos en un mundo que defiende, promueve y honra una serie de valores que, con demasiada frecuencia, están enfrentados con los que sostiene la Palabra de Dios.

En principio esto no debería representar mayor problema, si no fuera porque esa misma sociedad intenta presionarnos de diversas maneras para que nos amoldemos a ella y adoptemos sus valores, renunciando a los nuestros y traicionando nuestra integridad.

La sociedad utiliza diversos medios para que tomemos su forma. Algunos son directos, otros indirectos. En ciertos países los valores no cristianos ya están elevados al nivel de virtudes sociales, que ni siquiera pueden ser cuestionados sin que uno sea considerado una persona intolerante y políticamente incorrecta. Todos sabemos lo que esa calificación conlleva. Ser un intolerante es el peor pecado social que se puede cometer, automáticamente te convierte en un paria cultural y social.

En otros casos, la presión puede ser ambiental. El sostener ciertos valores, determinado estilo de vida y ciertas opiniones, puede implicar en algunos contextos el ser etiquetados de muchas maneras diferentes, habitualmente poco positivas. Podemos ser señalados como conservadores, integristas, radicales, fundamentalistas y otros apelativos similares que nos hagan sentir excluidos socialmente.

Muchos cristianos, simplemente por una cuestión de pura supervivencia, renuncian a sus valores y adoptan los del contexto en el que se ven forzados a moverse.

Negarse a tomar la forma del mundo puede acarrear muchos riesgos. En algunos lugares puede significar la exclusión social y el que se nos impida acceder a lugares de importancia. En países como España, Estados Unidos y en la Unión Europea, las personas que se identifican abiertamente como cristianas han visto cuestionada su idoneidad para ejercer cargos públicos de importancia. Para otros, y así se experimenta en muchos países, puede implicar el quedar afuera de círculos de amigos y compañeros. Tener la osadía de no amoldarse puede implicar pagar un alto precio.

Precisamente Sadrac, Mesac y Abednego son un ejemplo en este sentido. Su integridad los llevó a enfrentarse al poder establecido y pagar por ello un alto precio. No solamente pusieron en riesgo su posición social y política, sino también la propia vida. Es cierto que en su caso el Señor los honró y permitió que salieran ilesos, pero eso era algo de lo que no podían tener ninguna seguridad, y así lo manifestaron.

Pero Dios también puede permitir que suframos las consecuencias de decidir mantener nuestra integridad, enfrentarnos al sistema y no querer acomodarnos. Sea cual fuere el caso, estos tres personajes constituyen un motivo de ánimo y desafío para nosotros.

Aquellos tres hombres fueron presionados para conformarse. No estamos hablando de «resignarse». Conformarse es tomar la forma de algo. Del mismo modo que la pasta para un pastel toma la forma del molde en que es depositada. Fueron presionados para que su estilo de vida, sus valores, sus creencias, sus prioridades, en definitiva, su manera de vivir, se amoldara a la sociedad en la cual estaban inmersos. El precio de salvar su vida física era perder su identidad personal, tomar la del medio circundante.

EL DESEO EN LA SOCIEDAD POSMODERNA

Ya en el siglo IV antes de Cristo, Aristóteles afirmaba: *«Solo hay un principio motriz, el deseo»*.

El deseo es el anhelo de saciar un gusto, la voluntad de poseer el objeto que se ansía. Cada anhelo es precedido por un sentimiento. A modo de ilustración podemos afirmar que la atracción física precede al deseo sexual.

El deseo no es malo en sí mismo. Es natural, forma parte de la experiencia humana y, por tanto, ha sido creado y diseñado por Dios. El problema y el conflicto se plantean cuando decidimos satisfacer nuestros anhelos, y cómo es que queremos llevar eso a cabo.

Las ansias producen una desazón interna, una tensión, un conflicto que exige solución y satisfacción. Por eso, algunas personas no reparan en medios ni piensan en las consecuencias que podrían derivarse, tanto para ellos mismos como para los demás, cuando deciden saciar su sed. Otros, por el contrario, motivados por esa misma necesidad son capaces de hacer todo tipo de sacrificios, superar cualquier tipo de obstáculos y romper cualquier resistencia.

La no concreción del deseo puede producir en la persona una profunda frustración e insatisfacción. *«Todo deseo estancado es un veneno»*, afirmaba el escritor francés André Maurois. Sin embargo, el lograrlo no garantiza de forma automática lo contrario. En ocasiones, solo hay una cosa más frustrante y decepcionante que no poder satisfacer nuestros deseos, y eso es el saciarlos. No es extraña ni poco frecuente la sensación de vacío que acompaña al logro. Oscar Wilde afirmaba: *«Ten cuidado con lo que deseas, puede convertirse en realidad»*. Y entonces, ¿qué?

La sociedad posmoderna, no únicamente espolea todo tipo de deseos, sino que nos crea de forma artificial, a través de los medios de comunicación, nuevos y nuevos deseos. Además, justifica esa manipulación afirmando que poner las ansias bajo control, o tratar de dominarlas, equivale a ser un reprimido, alguien poco genuino, una persona que no sabe vivir en libertad.

Pero el deseo, como ya vimos en la cita de Aristóteles, es tan viejo como la humanidad. Ahora podrás observar y reflexionar sobre la vida de varios personajes de la Escritura, y considerar cómo el deseo se manifestó en ellos y qué consecuencias se derivaron a partir de su voluntad de satisfacerlo.

EL DESEO 1 **Estudio 21**

SANSÓN: VENTAJAS Y DESVENTAJAS DE SER IMPULSIVO

TEXTO BASE: Jueces 13–16

GRUPO PEQUEÑO
SERVICIO
TIEMPO CONCENTRADO

IDEA CLAVE:

Sansón nos muestra el peligro y las graves consecuencias de dejarnos llevar por nuestros impulsos y deseos.

OBJETIVOS

DE CONOCIMIENTO

- Conocer y explicar el proceso estímulo ➤ sentimiento ➤ deseo ➤ satisfacción ➤ consecuencias
- Conocer y explicar cómo este proceso se da en la vida de Sansón
- Reconocer la diferencia entre autocontrol y represión
- Ser capaz de exponer el proceso estímulo ➤ sentimiento ➤ deseo ➤ (valores personales) ➤ satisfacción/no satisfacción

DE CONVICCIONES (VERDADES INTERIORIZADAS)

- Ser consciente de que desear no es malo, el problema es no filtrar esos deseos a través del tamiz de los valores personales
- Evaluar los deseos a la luz de los valores personales y las consecuencias que pueden aparejar

DE CONDUCTAS

- Analizar los deseos y las consecuencias a la luz de la Palabra

ME GUSTA Y VOY POR ELLA

Cuando leemos los capítulos del pasaje base vemos claramente que una de las características más notables, aunque no más encomiables, de Sansón es su impulsividad.

Una persona impulsiva es aquella que reacciona ante un estímulo (se trate de una persona, una situación, una experiencia) sin reflexionar acerca de su valor moral ni sobre las consecuencias que podría acarrear. El proceso sería el siguiente:

> ESTÍMULO ▶ SENTIMIENTO ▶ DESEO ▶ SATISFACCIÓN ▶ CONSECUENCIAS

Varios episodios de la vida de Sansón lo ponen claramente de manifiesto.

En el capítulo 14 vemos a Sansón encaprichándose con una mujer pagana, filistea, para más detalles. En la Palabra de Dios había claras advertencias en contra de los matrimonios con mujeres que no pertenecieran al pueblo de Israel; principalmente por las consecuencias negativas que de ello podrían derivarse. Sin embargo, Sansón no tomó en cuenta los avisos que se encontraban en las Escrituras. Tampoco tuvo en consideración los ruegos y las reflexiones de sus padres al respecto. Tenía un deseo, había que satisfacerlo.

Las primeras consecuencias negativas las vemos en el mismo capítulo 14, durante las fiestas que tuvieron lugar para celebrar la boda de Sansón. Nuestro protagonista les propuso a los filisteos una adivinanza; ellos no la pudieron resolver y amenazaron de muerte a la novia de Sansón y a los padres de ella. A lo que Sansón respondió de una manera extremadamente violenta.

Cuando llegamos al capítulo 15, apreciamos otra reacción impulsiva de parte de Sansón. El padre de su novia decidió dársela en matrimonio a otro hombre. Eso produjo en él un ataque de ira tal que lo llevó a quemar las cosechas de los filisteos. La respuesta de los paganos fue aún más violenta y prendieron fuego a la ex novia de Sansón y a los padres de ella. Pero el episodio no acabó allí; en otro ataque de impulsividad, y para cerrar el círculo de violencia, Sansón arremetió de forma despiadada contra los asesinos de su antigua novia.

En el capítulo 16 notamos otra muestra de la típica impulsividad de Sansón. Visitando la ciudad de Gaza vio una prostituta y se encaprichó de nuevo con una mujer pagana y pecadora. Sin valorar la moralidad o inmoralidad de su acción, hizo aquello que le pedía su cuerpo; siguió sus deseos, sus instintos, sus impulsos. Tenía un deseo y había que satisfacerlo.

El mismo capítulo 16 nos da un nuevo ejemplo de su incapacidad para controlar sus impulsos. Nuestro protagonista se enamoró nuevamente de una mujer pagana y, de nuevo, siguió sus instintos y deseos. Sansón podría haber aprendido algo de su experiencia anterior con las mujeres filisteas, sin embargo, no lo hizo y se lanzó de cabeza a otra relación peligrosa. Tenía un deseo y había que satisfacerlo.

Todos conocemos perfectamente los desastrosos resultados que su unión con Dalila le reportaron, y no solo a él, sino también al pueblo de Israel.

Sansón ilustró a la perfección lo que significaba llevar una vida de impulsividad, de falta de dominio propio, autocontrol y voluntad; una vida que desagradó en muchos aspectos al Señor y le causó dolor y sufrimiento tanto a él como a muchas otras personas.

APLICACIÓN EN UN MUNDO POSMODERNO

La sociedad postmoderna en una increíble maniobra de manipulación ha convertido la voluntad, el dominio propio, la templanza y la capacidad de controlar nuestros impulsos, instintos y deseos en algo negativo.

Hablamos de manipulación porque se ha igualado autocontrol con represión. Se dice de la persona que tiene la voluntad y capacidad de controlar sus impulsos que es una persona reprimida, alguien que coarta su libertad, su auténtico yo, su genuinidad, su espontaneidad. Y si algo valora la sociedad postmoderna, es el ser genuino, espontáneo, auténtico, y para ello uno no debe cortarse, reprimirse, controlarse.

Pero no es lo mismo. No todos los impulsos, deseos e inclinaciones de nuestro corazón son buenos ni correctos. Es más, pueden ser tremendamente dañinos, no solo para nosotros mismos, sino también para los que nos rodean. No debemos olvidar la experiencia de Acán, no vivimos solos, formamos parte de ecosistemas sociales, culturales y familiares.

El autocontrol es la capacidad de pasar nuestros deseos, inclinaciones, instintos e impulsos por el filtro de los valores personales libremente escogidos.

Al ser elegidos libremente, nos sirven de orientación, criterio, norma y referencia para decidir si podemos dar rienda suelta a nuestros impulsos o no. El proceso sería el siguiente:

ESTÍMULO ➤ SENTIMIENTO ➤ DESEO ➤ VALORES PERSONALES ➤ SATISFACCIÓN

Alguien reprimido es una persona que desea hacer algo y no lo logra. La persona con dominio propio [no olvidemos que es un fruto del Espíritu Santo (Gálatas 5:22-23)] es aquella que decide hacer o dejar de hacer algo a la luz de su sistema de valores.

El apóstol Pablo lo ilustra de esta manera: «*Todo está permitido, pero no todo es provechoso. Todo está permitido, pero no todo es constructivo*».

¿Te suenan familiares estas palabras del apóstol? Léelas en la primera carta del apóstol Pablo a los Corintios (10:22-24).

EL DESEO 2 — **Estudio 22**

DAVID: UNA VIDA DE ADÚLTEROS Y ASESINOS

TEXTO BASE: 2 Samuel 11-12

GRUPO PEQUEÑO
ACOMPAÑAMIENTO ESPIRITUAL
TIEMPO CONCENTRADO

IDEA CLAVE:

El deseo puede convertirnos en adúlteros y asesinos.

OBJETIVOS

DE CONOCIMIENTO

- Conocer y explicar todas las consecuencias que se desencadenaron en la vida de David al dar rienda suelta a su deseo sexual hacia Betsabé
- Conocer y contrarrestar el argumento *«sin más ley que el deseo»*

DE CONVICCIONES (VERDADES INTERIORIZADAS)

- Considerar que rara vez el pecado es una cuestión personal, en la mayoría de las ocasiones también acarrea consecuencias para el entorno
- Pensar no solo en los deseos propios, también es necesario considerar el sufrimiento y las consecuencias que ellos pueden acarrear para otros

DE CONDUCTAS

- Analizar situaciones personales en las que el deseo haya hecho que, tanto uno como los demás, sufrieran
- Identificar una situación en la que el deseo ejerce una presión ineludible. Desarrollar una estrategia para controlarlo

SIN MÁS LEY QUE EL DESEO

Este pasaje nos indica que Betsabé era una mujer sumamente hermosa. Una tarde el rey se levantó después de dormir su siesta (bendita costumbre la de dormir la siesta) y vio que aquella mujer se estaba bañando, y sin duda, a partir del pasaje podemos implicar que la deseó sexualmente y quiso poseerla. Recordemos que el sentimiento y la atracción preceden al deseo.

El deseo apareció en su corazón y lejos de atajarlo o dominarlo, el rey decidió darle rienda suelta. Averiguó quién era aquella mujer, la llamó a palacio y se acostó con ella. El rey tenía plena conciencia de que se trataba de una mujer casada, al igual que él mismo, pero ¿qué le importa eso al deseo?

Tal vez es bueno el hacer una aclaración con respecto al deseo sexual. En sí mismo el deseo sexual no es malo ni pecaminoso. Por un lado el deseo sexual es inevitable tanto para el hombre como para la mujer. Ese apetito es bueno y ha sido creado por Dios. El problema radica en la forma en que lo enfocamos y hacia quién lo dirigimos.

El deseo se relaciona con nuestra sexualidad y no debemos olvidar que Dios nos ha creado como seres sexuales y que la Escritura nos dice que todo lo creado por Dios es bueno. Ahora bien, el sexo, como el resto de la creación, se ha visto afectado por el pecado. Como consecuencia, debemos tener cuidado del modo en que lo usamos y lo desarrollamos. El problema no radica en su existencia (la del sexo), sino en su uso, desarrollo y orientación.

David no canalizó adecuadamente su instinto sexual, no supo controlarlo ni medirlo a la luz de las enseñanzas, consejos y directrices de la Palabra de Dios. El resultado fue que pasó por alto todo ello, sucumbió ante su deseo y le dio lugar.

El texto bíblico nos muestra las terribles consecuencias que su falta de control y el sometimiento a sus propios deseos le acarrearon.

En primer lugar, se dieron relaciones sexuales ilícitas y adúlteras entre el rey y Betsabé. Los cónyuges de ambos fueron traicionados en la debida y merecida fidelidad.

En segundo lugar, un embarazo no deseado puso de manifiesto la existencia de aquella relación adúltera.

En tercer lugar, se realizó un intento infructuoso por cubrir el pecado y sus consecuencias.

En cuarto lugar, se produjo un increíble homicidio, alevoso y premeditado, para que el fiel e inocente Urías no supiera lo que había sucedido, y de ese modo no se diera pie al escándalo.

Finalmente, la historia acaba con la muerte del niño ante la justa ira de Dios a causa de tanto pecado acumulado.

David siguió sus deseos e impulsos y abrió la caja de Pandora, dando lugar a una terrible cadena de consecuencias en las que cada acción maligna tuvo que ser cubierta con otra peor, y que produjo considerable dolor a muchas personas, entre las que se encontraban incluidas los dos causantes del pecado y otros inocentes.

APLICACIÓN EN UN MUNDO POSMODERNO

Una de las características del mundo posmoderno es que entroniza el placer y su consecución como el bien último y supremo para el ser humano.

Las personas buscan activamente satisfacer sus deseos y conseguir el placer; y si esto no fuera posible, al menos evitar todo tipo de dolor físico o psicológico.

El cantante español Joaquín Sabina lo expresa muy bien cuando afirma:

> ... Apúntate a cualquier clase de bombardeo, no tener otra fe que la piel, ni más ley que el deseo.

La también española escritora Maruja Torres escribe estas palabras:

> ... En lo que a mí respecta... me prometí seguir disfrutando de la vida cuanto sea posible mientras me quede una chispa de aliento. Nada de buenos propósitos. Nada de renuncias. Nada de sacrificios. Nada de renovación de mortificaciones judeocristianas. Nada de tratar de comprar la salud a cambio de apuntalar la virtud, ni de obtener la longevidad junto con el aburrimiento. Nada de nada. No pienso iniciar ni un solo movimiento que violente mi capacidad de placer... no esperen de esta prenda los grandes buenos propósitos que solo sirven para quienes están convencidos de que la vida dura una eternidad.

Estos dos artistas, un cantautor y una escritora, reflejan muy bien el sentimiento de la sociedad posmoderna: placer a cualquier precio. Placer sin atenerse a las consecuencias. Placer porque la vida no es eterna. Placer aunque ello afecte a otros. Sigue tus instintos, tus pasiones y tus deseos. Parafraseando a Sabina, *sin más ley que tu deseo*.

David es un ejemplo de las catastróficas consecuencias que acarrea el seguir ciegamente tras el deseo; y de la importancia que reviste que los apetitos estén sometidos al dictado, la orientación y las directrices de la Palabra de Dios. El hacer esto nos ahorrará a nosotros y a terceras personas mucho dolor y sufrimiento.

EL DESEO 3 Estudio 23

AMNÓN: SI NO LO LOGRO ME FRUSTRO, SI LO LOGRO TAMBIÉN

TEXTO BASE: 2 Samuel 13:1-22

GRUPO PEQUEÑO
ACOMPAÑAMIENTO ESPIRITUAL
TIEMPO CONCENTRADO

IDEA CLAVE:

La frustración de no conseguir y la frustración de conseguir.

OBJETIVOS

DE CONOCIMIENTO

- Conocer los diferentes estados de ánimo que experimentó Amnón antes y después de consumar su deseo
- Explicar el porqué de la reacción de Amnón, y el posterior rechazo y repudio a su hermanastra

DE CONVICCIONES (VERDADES INTERIORIZADAS)

- Considerar que el deseo insatisfecho puede provocar una gran frustración e insatisfacción, sin embargo, su satisfacción no garantiza, en absoluto, realización y plenitud

DE CONDUCTAS

- Analizar diferentes situaciones de la vida propia en las que el haber consumado el deseo puede acarrear vacío, insatisfacción y frustración
- Identificar pautas de acción para aplicar en situaciones presentes o futuras

INCESTO EN LA CORTE DEL REY ADÚLTERO

Este capítulo narra uno de los embrollos que ocurrieron en la familia de David. Desde todo punto de vista podría ser considerada como una familia altamente disfuncional.

El monarca tenía varios hijos que procedían de sus diferentes matrimonios. Uno de ellos, Amnón, se enamoró perdidamente de su media hermana Tamar.

El pasaje describe muy bien todos los síntomas propios de un enamoramiento radical. Dice que Amnón llegó prácticamente a enfermar de angustia. Ahora bien, una lectura atenta de estos pasajes de la Escritura nos muestra que detrás del enamoramiento, lo que realmente existía era un deseo sexual que lo consumía, pues «*como Tamar era virgen, Amnón se enfermó de angustia al pensar que le sería muy difícil llevar a cabo sus intenciones con su hermana*».

El enamoramiento de Amnón encubría un deseo creciente de poseer sexualmente a su hermana. Un deseo que lo consumía internamente hasta el punto de llevarlo a enfermarse.

Cuenta el escritor del libro de Samuel que Amnón tenía un amigo, llamado Jonadab, que se caracterizaba por su astucia y que decidió darle una mano al hijo de David para que pudiera ver satisfecho su deseo.

Jonadab le propuso una estrategia: «Hazte el enfermo y métete en la cama. Sin duda, el rey vendrá a visitarte, no en vano eres el hijo mayor, el primogénito del monarca; se preocupará por ti. Cuando te pregunte cómo estás y qué necesitas, dile que te envíe a tu hermana Tamar para que te prepare algo de comer». Las cosas sucedieron tal y como Jonadab había previsto, y el rey accedió a los deseos de su hijo enfermo.

Tamar buscó complacer a su hermano y le preparó los alimentos que le pidió. Amnón siguió adelante con su malvado plan y pidió a todo el servicio que abandonara la casa y que fuese su propia hermana la que le sirviera la comida.

Cuando la pobre Tamar se disponía a servirle a su hermano, este la sujetó y le pidió que se acostara con él para tener relaciones sexuales. Tamar era bien consciente de las consecuencias que aquello podría tener para ambos. Ella sería una mujer deshonrada y por tanto nadie desearía casarse con ella, estaría toda la vida condenada al menosprecio y al ostracismo. Él, por su parte, sería considerado un necio en Israel y mermaría su credibilidad y capacidad para acceder al trono. No olvidemos que era el primogénito del rey. La propia Tamar estuvo dispuesta a tener una relación formal con Amnón, siempre y cuando las cosas se hicieran correctamente, pidiendo permiso al rey, el que, en palabras de la muchacha, no iba a negárselo.

Pero al deseo le sienta fatal que le pongan freno. Enloquecido, cegado, nublada su capacidad de razonar y valorar las consecuencias a causa de su apetito incontrolable, Amnón tomó a su hermana y, literalmente, la violó, forzándola a tener relaciones sexuales con él.

El relato continúa diciendo que después de haber consumado su vil acto, Amnón la odió, la aborreció, la despreció aún más de lo que la había deseado y consumó su pecado con otro peor: repudiarla y echarla de su casa. Amnón pensó que quitándola de su vista la quitaría de su mente. Tamar sería desde entonces para él el recuerdo de su vileza y de su fracaso como ser humano.

El deseo puede llegar a producir una tremenda frustración e insatisfacción cuando no tiene la posibilidad de ser satisfecho. El estado previo de Amnón lo describe con claridad. Pero la culminación del deseo no implica un sentido de satisfacción. Tristemente, una vez alcanzado el objeto deseado, la frustración, el vacío, la insatisfacción e incluso el asco y el hastío son mucho mayores. De nuevo, el caso del hijo de David así lo ilustra.

Al deseo le sienta fatal que le pongan freno; sin embargo, al que se deja llevar por ellos, las cosas le sientan aún peor. El deseo descontrolado de Amnón trajo la ruina para Tamar: nunca más podría juntarse con un hombre, nadie en Israel la querría.

Trajo la desgracia para Amnón: su pecado lo alcanzó y pagó por ello con la muerte. Y finalmente, trajo la desgracia para Absalón, que cometió un crimen para vengar la deshonra de su hermana y comenzó la larga cadena de desavenencias y enfrentamientos con su padre que culminarían en su propia muerte.

APLICACIÓN EN UN MUNDO POSMODERNO

Joaquín Sabina es un cantante español tremendamente famoso en su país y en otros muchos países de América Latina. Algunos lo han definido como el trovador de la posmodernidad debido a que sus canciones reflejan de una manera clara la forma de pensar y de sentir del hombre posmoderno.

En una de sus canciones, Sabina escribe: *Al deseo los frenos le sientan fatal, ¿qué voy a hacer yo si me gusta el güisqui sin soda, el sexo sin boda, las penas con pan?*

La posmodernidad exalta hasta lo sumo el deseo y lo libera de todas las restricciones de la moral, la ética o la religión. Al deseo no hay que ponerle freno ni cotas, eso sería represión y la represión es considerada una falta de genuinidad y espontaneidad, es negar nuestra realidad, es negar lo que somos.

La posmodernidad potencia, estimula y valora el deseo hasta el punto más alto y lo hace sin detenerse a pensar en las posibles consecuencias que ello pueda tener para uno mismo y para los demás. La posmodernidad nos anima a satisfacerlo y a buscar a través de eso el placer y la realización.

El pensar en las consecuencias que podrían acarrear para nosotros mismos y para otros, sería moralizar; ponerlos bajo control, pasarlos por la censura y la inquisición de las normas éticas y morales. Pero, tal y como nos dice otro cantante español, Manolo García, *No hay deberes que nos llamen ni doctrinas que seguir. Cerrar los ojos y ver que la gente nos acuse de conducta inmoral.*

Sin embargo, los deseos sin el control de las normas de conducta se vuelven salvajes, y en muchas ocasiones el desear satisfacerlos a cualquier costo para calmar nuestro interior, nos introduce en una vorágine de destrucción y muerte. Amnón es un buen ejemplo en este sentido y un desafío para nosotros que vivimos en una sociedad posmoderna que estimula y exacerba nuestros deseos y nos invita a satisfacerlos sin tener en cuenta las posibles consecuencias.

El ejemplo negativo de Amnón nos invita a colocar todo deseo bajo el control, la evaluación y la obediencia de nuestros principios cristianos de comportamiento.

Estudio 24

JONÁS: DE TURISMO AL SUR DE ESPAÑA

TEXTO BASE: Jonás 1-4

GRUPO PEQUEÑO
ACOMPAÑAMIENTO ESPIRITUAL

IDEA CLAVE:
La sociedad posmoderna vive en un grave proceso de deshumanización del cual no está exento el seguidor de Jesús.

OBJETIVOS

DE CONOCIMIENTO

- Explicar las razones que llevaron a Jonás a huir de la comisión de Dios
- Percibir la contradicción presente en la sociedad posmoderna, preocupada por la vida animal y vegetal, y desinteresada por la vida humana

DE CONVICCIONES (VERDADES INTERIORIZADAS)

- Saber que nadie está exento de desarrollar la misma insensibilidad que Jonás
- Conocer que una muestra de madurez espiritual es la sensibilidad hacia las necesidades de las personas que nos rodean

DE CONDUCTAS

- Analizar las situaciones de necesidad que hay en el entorno cercano. Dar pasos prácticos para involucrarse y lograr paliarlas, tanto a nivel personal como grupal

¡FUEGO SOBRE NÍNIVE!

Jonás recibe el inusual encargo por parte de Dios de ir a la ciudad de Nínive y predicar su inminente destrucción, pero él tiene sus propios planes y decide marcharse a Tarsis (tal vez no lo sepamos, pero se cree que Tarsis estaba en España, en la zona de la actual provincia de Cádiz, una zona turística del país). ¡Vamos!, se va de un extremo del Mediterráneo al otro.

Posteriormente (y es importante anotar este dato), el propio Jonás explicará las razones de su huida. Él era consciente del carácter misericordioso de Dios y sabía que si predicaba su destrucción, los habitantes de Nínive podrían arrepentirse, clamar al Señor y él (¡ya lo conocemos!) los perdonaría.

A Jonás no le faltaban razones para estar preocupado por la posibilidad de que Dios perdonara a Nínive. Sin duda, se daba cuenta de que, dada la evolución de los acontecimientos históricos y políticos, el consecuente crecimiento de Asiria en la región supondría un serio problema para Israel. De ahí, tal vez, su decisión de irse al extremo opuesto del mundo. Otra causa podría ser su interés por seres humanos que no pertenecían a su etnia, su nación, su grupo de pertenencia. Vamos, gente que era diferente, extraña.

Sin duda, constituye una historia muy familiar para todos nosotros lo que sucedió durante la travesía marítima y la manera en que nuestro héroe acabó en el vientre de un gran pez (supongo que lo de la ballena forma parte de la tradición popular, igual que la manzana de Eva. Ni una ni la otra son mencionadas en la Biblia).

Después de su oración, reconociendo su pecado y arrepintiéndose, Jonás es liberado y depositado por el pez en una playa. Una vez aprendida la lección, el profeta decide llevar a cabo la misión encomendada por el Señor.

Nínive, a juzgar por lo que dice el texto, debía ser una ciudad grande y muy poblada. El profeta dedicó varios días a denunciar los pecados de la población y el inminente castigo del Señor sobre ellos.

Las noticias del juicio de Dios sobre Nínive llegaron hasta los oídos del mismísimo rey, el que decidió tomar cartas en el asunto. Proclamó que se hiciera ayuno, que la gente se vistiera de luto, se arrepintiera y clamara a Dios en busca de su perdón.

Mientras tanto, Jonás se fue a una colina cercana a la ciudad para ver cómo evolucionaban las cosas. Suponemos que su deseo era ver un fuego espantoso cayendo desde el cielo y destruyendo hasta los cimientos la ciudad, sus habitantes y sus ganados, reduciéndolo todo a cenizas.

El capítulo 4 nos narra un interesante diálogo entre Dios y el profeta. El texto indica que a Jonás no le hizo ninguna gracia que el Señor lo privara del espectáculo que esperaba, se enojó mucho, y así se lo expresó al Señor: *«¡Oh SEÑOR! ¿No era esto lo que yo decía cuando todavía estaba en mi tierra? Por eso me anticipé a huir a Tarsis, pues bien sabía que tú eres un Dios bondadoso y compasivo, lento para la ira y lleno de amor, que cambias de parecer y no destruyes. Así que ahora, SEÑOR, te suplico que me quites la vida».*

En efecto, el Señor es un Dios paciente, y no entendía por qué Jonás podía enfadarse de tal manera e incluso desear la muerte, de modo que decidió darle una pequeña lección.

Jonás se sentó, como ya hemos leído, para ver qué sucedía con aquella ciudad. Dios hizo que una mata de ricino creciera y de este modo le cubriera la cabeza protegiéndolo del duro sol de la zona. Jonás estaba muy contento del buen servicio que le proporcionaba la planta en cuestión.

Sin embargo, después Dios hizo que la planta se pudriera y, además, que un fuerte viento solano le azotara de pleno en la cabeza, molestándolo de tal manera que el pobre profeta deseaba morir.

El Señor confrontó a Jonás con relación a la muerte de la planta y su actitud tan negativa. La lección de Dios es magistral, y le hace ver al pobre profeta su incoherencia, ya que tuvo compasión de una miserable planta de ricino que le proporcionaba una buena sombra (no perdamos de vista la razón utilitarista de su interés) y sin embargo, se mostró insensible ante la vida de decenas de miles de personas.

APLICACIÓN EN UN MUNDO POSMODERNO

La suerte de una mata o planta de ricino podía llevar a Jonás a desear la muerte. La vida de decenas de miles de personas lo tenía sin el menor cuidado. Permanecía frío e indiferente. ¡Qué contradicción!

Es una más de las contradicciones del mundo posmoderno. Por un lado se habla hasta el hartazgo de los derechos humanos, la libertad, la justicia, el fin de la pobreza y todos los demás tópicos que acompañan a este tipo de discurso político. Por otro lado, la vida humana cada vez vale menos. Eso no se da únicamente en los países en vías de desarrollo, en muchos de los cuales reina la pobreza, la injusticia y la carencia de derechos, sino también en las sociedades más opulentas y desarrolladas. Veamos como ejemplo esta noticia publicada en la revista *Time*

> *«Los franceses están indignados ante la insensible actitud de unos turistas que no solamente no auxiliaron a una mujer que se estaba ahogando, sino que además impasiblemente grabaron en video la tragedia. El 22 de Agosto, MarieNoelle Guillernée de 42 años de edad se lanzó a un profundo pozo ubicado bajo el castillo Mont Saint Michel para salvar a su hija Victorine de 6 años de edad que había caído unos momentos antes. Montones de turistas miraban embobados cómo la pareja luchaba por mantenerse a flote, sin intervenir o pedir auxilio. Uno de los habitantes de la localidad finalmente llamó a los equipos de rescate que pudieron rescatar a la criatura pero no a la madre. "¡Lo tengo todo grabado!", dijo uno de los turistas. Otro envió rápidamente su cinta de video al canal local de televisión France 3 para su emisión. Un comerciante local dijo: "Es abrumador que nadie se molestó en hacer nada, pero es así como parece ser la gente en estos días. Un accidente es tan sólo un espectáculo ya que se trata del problema de otros».*

En estas últimas, donde el posmodernismo resulta más evidente, se da una contradicción entre el aumento del valor que se le concede a la vida animal y la disminución del aprecio que se tiene por la vida humana.

La Biblia nos enseña que el ser humano está creado a la imagen y semejanza de Dios. Eso, por tanto, infunde y dota a todo ser humano de un valor intrínseco por el simple hecho de ser eso: humano.

Pero la sociedad posmoderna cuestiona que el ser humano esté hecho a la imagen de Dios. Si eso no es así, entonces, las implicaciones son claras, basta leer estas líneas de un artículo publicado en la revista *Time*:

> *Si los seres humanos asumen que han sido creados a la imagen de Dios, no es difícil para ellos ver la gran y cualitativa distancia entre ellos y los otros*

órdenes de la creación. La Biblia enseña que el hombre tiene dominio sobre los peces del mar, las aves del cielo, el ganado y cualquier cosa creada. Quizás el movimiento en defensa de los derechos de los animales es un síntoma de un espíritu más secular y que se autocuestiona...

Para algunos, la diferencia humana es conocida como el alma inmortal, una distinción absoluta que pertenece tan solo al hombre y a la mujer, pero no al animal. El alma es el pedigrí humano, y presumiblemente la dispensación para matar y comer cualquier tipo de vida inferior que se cruza por su camino. Pero desde una perspectiva secular, ¿en qué sentido es la vida humana diferente de la vida animal? ¿Por la inteligencia? Muchos chimpancés e incluso criaturas más bajas son tan inteligentes como niños profundamente retardados; si no es permisible matar un niño subnormal, ¿por qué lo es matar a los animales?

Las implicaciones prácticas de todo esto son claras y evidentes. Mientras hay movimientos que luchan por las focas marinas, las aves en peligro de extinción, la prohibición del uso de animales para pruebas científicas y el uso de pieles en la industria del vestido, a lo largo y ancho de este mundo centenares de miles de niños no nacidos son asesinados cada año por la extendida práctica del aborto, sin que, en muchos casos, nadie levante la voz por ellos.

Pero junto a estas realidades tan dramáticas como el aborto se dan otras mucho más cotidianas, el abuso infantil, la violencia doméstica, la pobreza, la explotación económica de emigrantes y la explotación sexual de mujeres y niños. Realidades que están junto a nosotros, que vemos, de una manera u otra, cada día y a las que podemos habernos acostumbrado volviéndonos tan insensibles como Jonás.

Con su experiencia, Jonás nos advierte del peligro que representa el perder de vista el valor que tiene todo ser humano, sin excepción. Un valor que nace de haber sido creado a imagen y semejanza de Dios. La pérdida de esta perspectiva nos encamina a una total insensibilidad hacia las personas y sus necesidades.

Estudio 25

ACAB: DÉJAME QUE TE CUENTE MORENA

TEXTO BASE: 1 Reyes 22 ACOMPAÑAMIENTO ESPIRITUAL

IDEA CLAVE:
A menudo, el hombre posmoderno solo oye a los profetas que le dicen lo que él desea oír.

OBJETIVOS

DE CONOCIMIENTO

- Reconocer todas las voces que existen a nuestro alrededor y que tienen resonancia en nuestras vidas
- Descubrir cuáles son fiables (nos dicen lo que necesitamos oír) y cuáles no lo son (solo confirman lo que queremos oír)

DE CONVICCIONES (VERDADES INTERIORIZADAS)

- Buscar personas capaces de decir la verdad en amor
- Estar abierto a escuchar las voces que confrontan y desafían nuestro estilo de vida

DE CONDUCTAS

- Como individuo, analizar y valorar la fiabilidad de la voces que escuchamos
- En lo personal, identificar y tomar la iniciativa de ir a aquellos que pueden tener una voz confiable en la experiencia de seguir a Jesús
- Como grupo, analizar las voces que oímos y la influencia que tienen sobre nuestras vidas. Valorar el tipo de ascendencia que poseen en el ámbito grupal. Es necesario asegurase de que se están dando los pasos necesarios para incorporar voces fiables

SIEMPRE ES BUENO TENER UNA CUADRIGENTÉSIMA PRIMERA OPINIÓN

Tal vez hayamos notado que este pasaje comienza con dos hechos bien extraños. El primero es que hacía tres años que no había guerra entre sirios e israelitas. El segundo, que las relaciones entre los reyes de Judá e Israel estaban pasando por un buen momento. Tan buenas eran, que Acab, el monarca israelita, le pidió a Josafat, el monarca judío, que lo acompañara en una campaña militar para recuperar una de las posesiones de Acab.

Josafat le dijo que lo acompañaría en la campaña militar, pero que antes tenía que consultar la voluntad del Señor al respecto. No le debió parece mal a Acab, que también llamó a sus profetas, ni más ni menos que 400, para consultar qué debían hacer con respecto a atacar Ramot de Galaad. Unánimemente todos los profetas respondieron: «*Ataque, Su Majestad a Ramot de Galaad, y vencerá, porque el SEÑOR la entregará en sus manos*».

Cuatrocientas voces, en coro unánime, estuvieron de acuerdo en atacar al enemigo sirio. Pero, según parece, aquello no fue suficiente para Josafat que solicitó: «*¿No hay aquí un profeta del SEÑOR a quien podamos consultar?*».

Intento imaginar la escena. A Acab debió caérsele el alma a los pies ante el comentario de Josafat. Su respuesta muestra un gran desánimo: «*Todavía hay alguien más por medio de quien podemos consultar al SEÑOR, pero me cae muy mal porque nunca me profetiza nada bueno; sólo me anuncia desastres. Se trata de Micaías hijo de Imlá*». El caso es que ante la insistencia de Josafat, Micaías fue traído a la presencia de ambos monarcas.

La imagen descrita por el pasaje bíblico debía ser impresionante. Los monarcas, vestidos para la guerra, se hallaban sentados sobre sus tronos, acompañados por sus generales, ministros y consejeros.

Los cuatrocientos profetas entraron en trance, lo cual, según indica la Biblia, incluía caídas, desmayos y situaciones de éxtasis. Uno de ellos, Sedequías, se había hecho unos cuernos de hierro y gritaba la victoria de su rey contra el enemigo sirio. La Palabra de Dios nos indica que todos los profetas gritaban lo mismo.

El encargado de ir a buscar al profeta Micaías parecía ser un buen tipo y lo puso en antecedentes acerca de la situación: «*Mira, los demás profetas a una voz predicen el éxito del rey. Habla favorablemente, para que tu mensaje concuerde con el de ellos».*

Afortunadamente, Micaías no era de aquellos que se dejaban impresionar con facilidad y contestó rotundamente que diría tan solo aquello que el Señor le mandara decir.

Una vez ante la presencia del rey, este le hizo la pregunta de rigor acerca de si debían atacar al enemigo. ¡Imaginemos la escena! Micaías, de forma mecánica, como cuando nosotros contestábamos las preguntas del profesor en la escuela, le dijo al rey que fuera adelante, que la victoria era suya.

Por la forma en que el texto está redactado, resulta evidente que Acab y Micaías eran viejos conocidos. El rey sabía que no estaba siendo sincero y le conminó a decir la verdad bajo juramento. El profeta dijo la verdad y predijo la derrota de ambos monarcas. Además, explicó con todo lujo de detalles cómo un espíritu de mentira hablaba por medio de los profetas del rey para engañarlo y llevarlo a la ruina.

Al rey Acab no le gustó nada la profecía de Micaías y ordenó que fuera detenido, llevado a la ciudad y retenido en la cárcel a pan y agua hasta que él mismo regresara sano y salvo del combate. A esto, Micaías añadió: *«Si regresas sin contratiempos, el SEÑOR no ha hablado por medio de mí»*.

El resto de la historia ya lo conocemos. La batalla fue un fracaso y el rey de Israel murió allí mismo. No solo se cumplió la profecía de Micaías acerca de la derrota del monarca, sino también la de Elías con respecto a su muerte.

APLICACIÓN EN UN MUNDO POSMODERNO

Ya hemos mencionado, y sin duda lo volveremos a hacer, que la espiritualidad es una característica propia de la posmodernidad. El hombre posmoderno huye de la concepción materialista de la vida y se abre a las dimensiones espirituales.

Por tanto, se le presenta toda una nueva oferta de religiones y caminos de desarrollo espiritual. Naturalmente, cada uno de ellos tiene sus profetas, sus gurús, sus santos, sus guías espirituales.

Estos nuevos caminos espirituales poseen una característica en común: le dicen al ser humano lo que este quiere oír y sentir. Recordemos lo dicho cuando tratamos el tema de la «religión a la carta». Pues bien, esto va en esa misma dirección.

Los profetas y guías espirituales de estas nuevas religiones y vías de espiritualidad ofrecen al ser humano mensajes de satisfacción, realización, crecimiento, autoayuda, superación y plenitud. Transmiten aquello que sus seguidores desean oír y evitan todo lo que pueda sonarles a compromiso, pecado, ética, comportamiento correcto, negación, sufrimiento, y cosas semejantes.

Tenemos en Acab un ejemplo de esto. El monarca oía los mensajes que deseaba oír, y para ello, se rodeaba de aquellos que le transmitían ese tipo de consejos y evitaba a cualquiera que pudiera contrariarlo con pronósticos desagradables o no deseados. Acab era, en este sentido, un buen precursor del hombre posmoderno.

Nuestra sociedad actúa de un modo similar. Oye a quien quiere oír. Escucha a quien transmite mensajes agradables y hace oídos sordos o sencillamente ignora a aquellos que le transmiten la verdad pura y fuerte de Dios. Hay una sordera selectiva hacia la voz de Dios. No nos gusta escuchar la voz de Dios porque nos confronta con nuestra propia realidad, nos obliga a responder y a posicionarnos. Su voz resulta de una gran incomodidad en una sociedad que busca el placer a cualquier precio y si esto no es posible, evitar todo tipo de dolor y sufrimiento.

Pero nosotros también podemos volvernos como Acab y cerrar nuestros oídos a la voz clara y diáfana del Señor cuando esta no nos gusta o contraría nuestros deseos, inclinaciones, inquietudes y propósitos. Del mismo modo que le sucedió al rey, la locura de no escuchar la voz del Señor puede llevarnos al desastre personal.

Por ello, es muy importante para nosotros asegurarnos que nos rodeemos de voces que nos dicen aquello que necesitamos oír, y no solo aquellas que confirman nuestros deseos, prejuicios y opciones. Los buenos amigos no son, exclusivamente, aquellos que nos dicen lo que queremos oír, sino aquellos que insisten en confrontarnos con lo que deseamos ignorar.

Estudio 26

ISAÍAS: UTOPÍA

TEXTO BASE: Isaías 58   GRUPO GRANDE
ACOMPAÑAMIENTO ESPIRITUAL

IDEA CLAVE:

El hombre posmoderno ha renunciado a las utopías, al cambio y a la transformación de este mundo. Los seguidores de Jesús creemos que este no es el mundo que Dios pensó, pero creemos que el reino de Dios se ha acercado.

OBJETIVOS

DE CONOCIMIENTO

- Conocer todas las características del tipo de ayuno que espera el Señor
- Describir las bendiciones que se derivarían de la práctica de ese ayuno
- Conocer y expresar en las propias palabras el concepto de espiritualidad integral

DE CONVICCIONES (VERDADES INTERIORIZADAS)

- Ser consciente de que el relacionarse con Dios no puede estar desvinculado de la relación que tenemos con el prójimo o el necesitado
- Reconocer el llamado a construir el reino de Dios, a colaborar para que este mundo sea lo que Dios pensó y el pecado hizo inviable

DE CONDUCTAS

- Leer de manera individual el pasaje de Mateo 25. En oración, pedirle al Señor que muestre qué necesidades hay alrededor. Identificarlas. Hacer un plan de acción para paliar o aliviar esas necesidades.
- Realizar el mismo proceso como grupo, es decir, leer Mateo 25, identificar necesidades, hacer un plan y actuar

UNA ESPIRITUALIDAD INTEGRAL

Este es un pasaje muy interesante en el que el profeta Isaías, por encargo de Dios, naturalmente, hace una denuncia por la religiosidad del pueblo de Israel. Si observamos atentamente, con sinceridad y sentido crítico, veremos que en muchos aspectos esa realidad no es tan diferente a la nuestra.

El Señor pide a su profeta que reprenda al pueblo a causa de sus culpas y pecados. Las personas pensaban que todo estaba bien a los ojos de Dios. Según ellos, buscaban al Señor; creían que estaban haciendo el bien, que estaban guardando sus leyes.

Hasta había algunos en el pueblo que pensaban que no valía la pena ayunar ni hacer sacrificios. De hecho, si leemos el pasaje veremos que el Señor denuncia que el día de ayuno era utilizado para hacer negocios, para explotar al prójimo, para enzarzarse en peleas y disputas; y a pesar de todo ello, todavía esperaban que el Señor escuchara sus oraciones.

Pero el mensaje de Dios a través del profeta resulta ser un llamado y una demanda a asumir un compromiso con la justicia social. El Señor indica que la auténtica religiosidad consiste, precisamente, en comprometerse con la lucha por un mundo diferente. Este es el mundo en el que nos ha tocado vivir, no es el tipo de mundo que Dios pensó y diseñó, es más bien el que el pecado ha desarrollado y producido. Santiago, en el Nuevo Testamento, declara en línea con Isaías: *«Esta es la religiosidad auténtica e intachable a los ojos de Dios Padre: asistir a los débiles y desvalidos en sus dificultades y mantenerse incontaminado del mundo»* (Santiago 1:27, BLP).

El Señor afirma que lo que él desea de la gente de su pueblo es que rompan las cadenas de la injusticia, que destrocen los nudos que aprietan los yugos, que luchen por los oprimidos y contra todo tipo de tiranía. Dios afirma que espera que compartan su pan con los necesitados, que ayuden al desnudo y den cobijo al que carece de techo. Las demandas del Señor finalizan con una exigencia a socorrer a los semejantes y ayudar a aquellos que están afligidos.

Nuestro Dios afirma que si su pueblo es capaz de comprometerse en este tipo de causas; habrá una serie de consecuencias que vendrán por sí solas. Seremos luz en la oscuridad (no es difícil establecer aquí un paralelismo con el Nuevo Testamento que indica que somos luz y debemos brillar en un mundo oscuro), nuestras heridas sanarán, nuestra rectitud e integridad será manifiesta a los demás, y la gloria del mismo Dios nos seguirá.

Por si fuera poco, el Señor se compromete a respondernos cuando acudamos a él, a guiarnos, a proveernos (sin duda para que podamos cumplir con las expectativas que él tiene con respecto a su pueblo), y a darnos fuerzas para poder llevar a cabo la tarea encomendada. Entonces seremos a los ojos de la gente como un jardín, un manantial, nos compararán con constructores y reparadores. Todas estas descripciones son visiones positivas.

APLICACIÓN EN UN MUNDO POSMODERNO

Todos los estudiosos del mundo posmoderno afirman que una de las características que definen a esta sociedad es la total renuncia a los ideales y a las utopías. Seamos realistas, el mundo es como es, no puede ser cambiado, saquémosle pues, el mayor provecho posible, seamos posibilistas.

Durante la modernidad existió la ilusión de que se podría cambiar el mundo. Un mundo mejor era posible, y la ciencia, el conocimiento, la cultura y la política eran los medios para lograrlo.

Desde aquel mayo del '68 en el que desde Francia se extendieron a través de Europa los movimientos revolucionarios hacia América Latina y otras partes del mundo, los jóvenes se convirtieron en idealistas. Soñaban y aspiraban a conseguir un mundo mejor, más justo, más igualitario, más digno.

La posmodernidad acabó con todos los ideales. La ciencia, la filosofía, la religión y la política desencantaron cada vez más a las nuevas generaciones, logrando desmovilizarlas para que ya no lucharan más por las utopías.

Las complicaciones medioambientales que ha producido la ciencia (recordemos el incidente nuclear en la central japonesa de Fukushima), el miedo a la manipulación genética, el descrédito de los políticos a causa de su corrupción e incapacidad de cumplir sus promesas y el hundimiento de los «paraísos comunistas», han dejado a este mundo huérfano de las esperanzas de un futuro mejor. Las nubes de tormenta definen el horizonte del mañana.

La presente crisis económica mundial está generando millones y millones de nuevos pobres y desamparados en todos los países. Los especuladores al no poder seguir jugando con los precios de las viviendas lo hacen con los precios de los alimentos básicos empujando a la miseria y, literalmente, al hambre a decenas de millones de seres humanos.

En su lugar se ha ido implantando un realismo cínico. Si el mundo no puede ser cambiado, entonces intentemos sacar el mayor provecho posible de la situación. Seamos pragmáticos y aprovechemos para tomar todo lo bueno y positivo que se pueda sacar de esta sociedad. Lo que importa no es un futuro mejor, ya que no es posible, sino un presente mejor, más cómodo y más gratificante. Vivamos el presente, porque para muchos no hay esperanza de futuro.

El cristiano puede dejarse llevar por esa ola de pesimismo y pragmatismo y olvidarse de que Dios continúa interesando en la construcción de su Reino.

También podemos caer en la tentación de olvidarnos que el reino de Dios también tiene que ver con la lucha por la justicia, en contra de la opresión y a favor de todo aquello que hace a la vida del ser humano mejor y más digna. Una salvación espiritualista no hace honor a la obra que Jesús vino a llevar a cabo.

Isaías, hablando de parte de Dios, nos desafía a pensar en la necesidad de comprometernos en la construcción de un mundo mejor y de apoyar aquellas causas que contribuyen a ello. Dios se interesa por los pobres, los oprimidos, los huérfanos y las viudas; y nosotros también deberíamos hacerlo. El propio Jesús, en ese dramático y preocupante pasaje de Mateo 25:31-46 se hace eco de las palabras de Isaías y no desafía y advierte de la importancia de una espiritualidad que no deje de lado al necesitado.

Parte 2 – DISEÑOS DE AUTOR

Añoramos que tu ministerio se vea beneficiado por los efectos positivos de la utilización de una gama de actividades y acercamientos educativos, por lo que a continuación ponemos a disposición una serie de encuentros armados de acuerdo a las características de cada uno de los ámbitos de formación.

En primer lugar se encuentra el *Recetario* repleto de ideas para usar con la *Guía para diseñar una reunión*. El orden es intencional, y también el hecho de que no te damos un diseño para cada estudio: queremos que incrementes tu capacidad de crear encuentros que vayan mucho más allá de las típicas reuniones de grupo grande o de célula que se centran casi exclusivamente en una «meditación».

El apartado de cada uno de los acercamientos educativos empieza con una breve descripción del *papel educativo* que revise ese enfoque, sin embargo te animamos a repasar la información que se encuentra en *Raíces*, o el libro o las clases animadas que se encuentran en http://www.especialidadesjuveniles.com/raices.

En nuestra amplia experiencia, el servicio y el acompañamiento espiritual son los acercamientos menos utilizados. Esperamos que no dejes de implementarlos, probando los diseños provistos.

El último *Diseño de autor* se llama *Cierre y Celebración*. Si utilizas todo lo que encuentras en *Líderes Posmo*, habrá mucho para recordar y celebrar. De antemano damos gracias a Dios por lo que él hará en medio de ustedes y en ustedes.

RECETARIO

Líderes Posmo cuenta con las técnicas más eficaces de enseñanza, lo que implica el uso de todos los estilos de aprendizaje (el capítulo 22 del libro *Raíces* incluye una lista completa de ideas para su uso). Mucho antes de que los neuropsicólogos y expertos en desarrollo identificaran las «Inteligencias múltiples», Dios las usaba para instruir a su pueblo. Su implementación potencia nuestros esfuerzos pedagógicos de muchas formas:

- Despierta el interés
- Obliga a una programación creativa y variada
- Incrementa la posibilidad de aprendizaje de cada individuo
- Afirma el valor de que cada persona fue diseñada de manera única
- Valora la creatividad de Dios
- Abre campo para que se descubran y desarrollen dones
- Potencia la variedad de líderes
- Procura que cada líder dé lo mejor de sí mismo

Un líder tiende a apoyarse en los estilos de aprendizaje que él asocia con la enseñanza, como por ejemplo el lingüístico; o en su estilo personal, es decir, que si él aprende escuchando, tiende a hablar para enseñar, lo que no fomenta el aprendizaje de aquellos que precisan realizar una acción para aprender. Por otro lado, un líder que aprende de forma interpersonal fomenta el dialogo en los grupos pequeños, ambiente que apaga el aprendizaje de aquellas personas que precisan reflexionar de forma personal en sus procesos de aprendizaje. De modo que no podemos usar todos los estilos de aprendizaje todo el tiempo, pero sí podemos ser proactivos en la variedad. Es posible registrar los que utilizaremos y planificar momentos para incluir cada uno de ellos. Si la idea de tanta organización te produce un sentimiento de rechazo, recuerda las palabras de Lucas Leys en *Los fundamentos del ministerio juvenil sano:* «Creatividad no es lo mismo que espontaneidad. Para ser creativos hace falta planificación y también un poco de locura».

Estilos de aprendizaje o «inteligencias múltiples»

 LINGÜÍSTICO: El estudiante aprende con el lenguaje, o sea, por la lectura, la escritura, oyendo y hablando.
2 Timoteo 3:16, 17

 MATEMÁTICO: El estudiante aprende por medio de los números y la lógica.
Ezequiel 40–42; 43:10

 VISUAL: El estudiante aprende por medio de imágenes, formas y colores.
Romanos 1:19, 20

 CORPORAL: El estudiante aprende usando el cuerpo.
Mateo 14:28-31

 MUSICAL: El estudiante aprende cuando las ideas son cantadas o tienen ritmo.
Deuteronomio 31:19-22

 AMBIENTAL / NATURAL: El estudiante aprende en contacto con la naturaleza y hace comparaciones.
Juan 15:5

 INTERPERSONAL: El estudiante aprende intercambiando ideas con otros.
Colosenses 3:16

 INTROSPECTIVO: El estudiante aprende pensando y reflexionando personalmente.
Juan 14:26

IDEAS PARA CONECTAR

1) Captar la atención 2) Crear un vínculo con el tema	📋	📅	📷	👤	🎬	🔔	👥	🔍
Utilizar como disparador de la conversación una cita breve, puede ser de las *Notas de orientación*, de otro autor o periodista	📌							
Utilizar como disparador de la conversación estadísticas		📌						
Utilizar como disparador de la conversación una obra de arte			📌					
Utilizar como disparador de la conversación un tramo de una película			📌					
Utilizar como disparador de la conversación un juego					📌			
Utilizar como disparador de la conversación una canción						📌		
Utilizar como disparador de la conversación un objeto natural							📌	
Utilizar como disparador de la conversación una entrevista o experiencia personal (interpersonal)								📌
Contar una historia contemporánea y detenerse a la mitad para preguntar cómo creen que debería terminar	📌					📌		
Hacer declaraciones y pedir que los que estén de acuerdo vayan a un extremo del salón y los que estén en contra se dirijan al otro		📌	📌					
Pedir que completen una frase inconclusa, como: «Seguridad es.....»	📌	📌				📌		
Pedir que realicen una actividad inusual que despierte la curiosidad				📌				
Pedir que representen una actividad que imite la vida real, como unas elecciones o una visita al mercado				📌	📌			
Hacer una pregunta clave y pedir que escriban sus respuestas de manera individual; luego, que compartan sus respuestas con el grupo o que la contesten con un ejemplo de la vida real para respaldar su opinión	📌						📌	📌
Solicitarles que hagan un collage con recortes de revistas o fotos, o que dibujen algo, o creen símbolos de papel, arcilla, clips de papel u otro elemento que se relacione con el tema			📌					📌

LÍDERES POSMO: UN AÑO ENTERO CON LOS HÉROES DE LA BIBLIA

IDEAS PARA CONTENIDOS

Ampliar el manejo del tema por medio de aportes nuevos							
Hacer preguntas para que los jóvenes participen a medida que transcurre el relato	📌					📌	
Crear un crucigrama o juego de palabras para que lo resuelvan	📌	📌					📌
Pedirles que investiguen y elaboren reportes por equipos	📌	📌				📌	
Solicitar a los jóvenes que interactúen e interpreten con ayudas visuales	📌			📌			📌
Pedirles que preparen entrevistas con los personajes de la historia	📌			📌		📌	
Solicitar a los jóvenes que presenten un sketch a partir de uno de los siguientes abordajes: • dramatizar la historia • demostrar una verdad bíblica • poner en escena la historia bíblica pero llevada a la cultura contemporánea	📌			📌		📌	
Crear hojas de trabajo para que los jóvenes las completen	📌						📌
Detener la lectura de un pasaje en determinada sección para discutir cada sección por separado	📌				📌		
Pedir que hagan una lista de las palabras claves y sus significados o que las investiguen o estudien	📌						📌
Hacer que marquen el texto en la Biblia de acuerdo con instrucciones específicas	📌		📌				📌
Pedirles que formen grupos de a dos para discutir alguna pregunta; al finalizar varios voluntarios hablarán sobre sus ideas y descubrimientos	📌					📌	
Solicitar que hagan un guión de teatro por grupos pequeños	📌			📌		📌	
Pedir que escuchen la historia y dibujen un garabato sobre lo que sintieron al oírla, y luego lo expliquen	📌		📌			📌	📌
Hacer que escriban el pasaje en sus propias palabras (paráfrasis)	📌						📌

RECETARIO

IDEAS PARA CONCRETAR

1) Los participantes pueden practicarlo en un ambiente seguro 2) El líder corrobora la comprensión	📖	▦	📷	👤	🗂	🌲	👥	🔍
Que realicen alguna actividad de forma personal								📌
Que realicen alguna actividad por grupos pequeños							📌	
Que ejemplifiquen el aporte nuevo en una canción que escriban y canten						📌	📌	
Que ejemplifiquen el aporte nuevo en un mapa conceptual		📌	📌					📌
Que ejemplifiquen el aporte nuevo en un proyecto artístico, póster, cartel, o manualidad			📌	📌				
Que ejemplifiquen el aporte nuevo en un diario, reporte periodístico o carta	📌							
Que apliquen la enseñanza a los «dilemas de la vida real»	📌	📌						
Que formen grupos de a dos para discutir alguna pregunta; al finalizar, varios voluntarios hablarán sobre sus ideas y descubrimientos	📌						📌	

IDEAS PARA EL CAMBIO

Hacer posible que los participantes identifiquen cómo aplicar lo aprendido en su realidad	📖	▦	📷	👤	🗂	🌲	👥	🔍
Que planifiquen una actividad que lleve los objetivos a la práctica	📌	📌		📌				📌
Que realicen una lluvia de ideas para crear una lista de maneras de aplicar la lección tanto individual como grupalmente	📌						📌	
Que de forma individual escriban una oración, poema, canción	📌					📌		📌
Que escriban de manera personal la respuesta a una pregunta clave	📌							📌
Que realicen una autoevaluación en una hoja	📌							
Que se les dé un tiempo de silencio para que se comprometan a aplicar la lección de un modo concreto								📌
Que memoricen el versículo clave	📌							📌

EL TIEMPO CONCENTRADO

EL PAPEL EDUCATIVO DEL TIEMPO CONCENTRADO

Tal y como el nombre lo indica, lo que define este ambiente formativo es el tiempo prolongado en el que uno se aparta de las actividades cotidianas para lograr objetivos definidos. Si bien la programación del campamento, retiro o encuentro incluye los beneficios de los demás acercamientos educativos, la extensión en el tiempo los potencia y aporta algunos beneficios adicionales:

- Provee tiempo concentrado y continuado
- Da espacio para concentrarse en Dios
- Permite que se genere un ambiente educativo propicio para el crecimiento
- Posibilita la integración y el desarrollo de amistades
- Fomenta la relación con cristianos maduros
- Favorece una mayor disponibilidad hacia Dios

*Para más información, consulta el libro *Raíces*, capítulo 15.

RETIRO DE LANZAMIENTO

Los cuatro estudios de Adán y Eva están diseñados para un evento de fin de semana que te permita arrancar con fuerza la serie *Líderes Posmo*. Los estudios de Adán y Eva ayudarán a los participantes a entender por qué el mundo está tal y como está, y por qué la experiencia humana es tan compleja y, a menudo, tan difícil. También los invitarán a seguir a Jesús para colaborar con él en la construcción del reino de Dios para que el mundo llegue a ser lo que el Señor había soñado y el pecado hizo inviable.

Promociónalo y prográmalo para:

- Convocar al mayor número de participantes posible.

- Crear expectativa, motivación y ánimo para que los jóvenes participen en los próximos estudios.
- Presentar el programa de actividades que elaboraste en el *Anteproyecto de planificación anual*.
- Brindar la oportunidad de identificar los desafíos concretos que afrontan en su vida y su entorno.

ADÁN Y EVA 1: ÉRASE UNA VEZ

Trabajo previo para el líder:
- ☐ Lee *Génesis 1 y 2*
- ☐ Lee las notas de orientación
- ☐ Anota los puntos de la lectura más pertinentes para tu grupo

Objetivos:
- Que sepan el significado de la palabra cosmogonía
- Que sean capaces de explicar a otros *las cuatro dimensiones de la armonía* que caracterizaba el estado primitivo del ser humano

Formato de la reunión:
▶ **CONECTAR**

Dinámica *El mapa del tesoro*. La idea de esta dinámica es proporcionarle al grupo una experiencia que dispare el debate sobre el tema de la cosmogonía que la Biblia presenta para explicar por qué el mundo es como lo encontramos ahora. El cuadro general tiene que ver con que los participantes compitan por equipos para encontrar un tesoro escondido, pero solo un equipo recibirá el mapa correcto. Al otro grupo (o grupos) se le dará un mapa que no lo ayudará a encontrar el tesoro. El equipo con el croquis correcto hallará el tesoro fácilmente. El otro se quejará de que es una situación injusta. Tu rol como líder consistirá en explicarles que sí, es injusto, pero que existe una razón para ello que pronto entenderán.

Antes de la clase, prepara los mapas y esconde el «tesoro» dentro del lugar de reunión o en las inmediaciones, en algún un lugar difícil de encontrar si uno no posee el mapa correcto.

> **Recursos necesarios**
>
> **Compra:** «El Tesoro»
> Pueden ser dulces u otra golosina para compartir entre todos.
>
> **Crea:** mapas de tesoro
> Uno debe ser correcto, sencillo y preciso; los demás pueden ser imprecisos o erróneos.

Divide a los jóvenes en equipos. Explica que en algún sitio dentro del salón o en sus inmediaciones hay un tesoro escondido y que el equipo que lo encuentre se quedará con él. Dale a cada equipo uno de los croquis y diles que no deben permitir que el otro equipo vea sus instrucciones. Solicítale al equipo ganador que espere para comer su tesoro y continúa con la siguiente discusión.

Diálogo: Cuando los jóvenes estén sentados de nuevo, haz las siguientes preguntas:

- En tu opinión, ¿el mapa fue importante en esta dinámica?
- La persona que trazó el mapa correcto, ¿cómo sabía señalar la ubicación del tesoro?
- Para ayudarnos descifrar nuestro mundo, ¿de qué manera la Biblia se parece al mapa del tesoro?

▶ CONTENIDOS

El líder comparte una reflexión basándose en la Biblia y en las notas de orientación. Luego concluye con la siguiente actividad introspectiva para el grupo:

Cierra tus ojos. Quiero que te visualices en una situación en la que experimentes armonía y paz total. Puede ser un lugar como tu habitación o algún sitio al aire libre; puede ser una relación, una charla entre amigos o el abrazo de un pariente. Te voy a dar un minuto para identificarla y verte allí.

Permite que haya silencio absoluto durante sesenta segundos para que puedan pensar sin distracciones.

▶ CONCRETAR

Visualizar la armonía. El líder explica que hay cuatro grandes áreas en las que es posible experimentar bienestar o armonía y lee la descripción de cada una:

- **Armonía en la relación con Dios:** El ser humano poseía una comunión y una comunicación dinámica, abierta y fluida con Dios.
- **Armonía en la relación consigo mismo:** El ser humano disfrutaba de una

armonía interna que no estaba alterada por ningún estado de ánimo negativo o autodestructivo.

- **Armonía en la relación unos con otros**: El ser humano mantenía relaciones significativas con los demás sin que él produjera o recibiera ningún tipo de daño (emocional o físico).
- **Armonía en la relación con la creación de Dios**: El ser humano cumplía su responsabilidad de cuidar y proteger la obra de Dios.

> **Recursos necesarios**
>
> **Compra: 4 hojas** tamaño póster o cartel. Un mínimo de **12 marcadores (3 por equipo)** de varios colores. Cinta adhesiva transparente
>
> **Crea:** Una **hoja con la descripción** de cada una las cuatro áreas de armonía.

Pide que piensen de nuevo en la situación en la que sintieron armonía y que identifiquen qué es lo que hace que esa situación resulte tan armoniosa. Después, que cada uno elija uno de los cuatro grupos según el contexto de armonía en que se visualizó. Por ejemplo, si se imaginó con amigos o seres queridos, que vayan al grupo «relación con otros»; si se figuraron caminando por la playa o la montaña que vayan al grupo de «creación de Dios». Si no pueden discernirlo, que elijan cualquier grupo, pero será necesario que haya por lo menos dos personas en cada uno de los cuatro grupos.

Una vez que se encuentren en sus equipos, explícales que tienen diez minutos para crear pósteres con dibujos y palabras que ilustren la *armonía* en su área. Al terminar, cada grupo deberá colgar el suyo en la pared y explicarlo. Es importante que sean visibles y que permanezcan allí durante el fin de semana.

▶ CAMBIO

El líder vincula la dinámica *El mapa del tesoro* con una autoevaluación introspectiva: De forma individual y en silencio, evalúa tus convicciones de forma sincera, asignando alguno de los siguientes valores: *nada, poco* o *mucho*.

1. ¿Cuán pertinente es la Biblia hoy?
2. ¿Cuánto me ayuda la Biblia en mi vida cotidiana?

Pide que sean francos en su evaluación, y asegúrales que no tendrán que compartir sus respuestas con nadie durante la reunión. Sin embargo, el líder podrá volver a estas preguntas para entablar una conversación al respeto más adelante en un acercamiento más privado (grupo pequeño o uno a uno).

Si hay tiempo, puedes cerrar pidiendo que varios compartan algo que no quisieran olvidar de la reunión.

ADÁN Y EVA 2: ¡INDEPENDENCIA!

Trabajo previo para el líder:
- ❏ Lee *Génesis 3*
- ❏ Lee las notas de orientación
- ❏ Anota los puntos de la lectura que son más pertinentes para tu grupo

Objetivos
- Saber explicar de qué manera el querer ser igual a Dios se relaciona con decidir por uno mismo qué es el bien y qué es el mal
- Poder definir qué es el pecado y cuál es la diferencia entre la raíz y los síntomas
- Ser consciente de que el pecado es una cuestión de corazón, no de conducta únicamente
- Analizar el estado del corazón, valorar si sigue siendo un corazón rebelde a la luz del Salmo 139:23 y 24

Formato de la Reunión

▶ CONECTAR

Armonía rota. Empieza la reunión con alabanza y, de repente, corta el suministro eléctrico para que se queden sin sonido y en oscuridad. (Si es de día o hay luz, que cierren los ojos). Pide que escuchen en silencio mientras alguien lee Génesis 3:1-7. Una vez terminada la lectura, pero todavía sin luz o mientras los participantes mantienen los ojos cerrados, cuatro líderes deberán romper los pósteres en cuatro partes y después volverlos a pegar dejando un espacio entre cada cuadrante que forme una cruz en el centro del póster. Cuando se haya terminado de preparar estas láminas, enciende las luces o avísales a los chicos que abran los ojos.

> **Recursos necesarios**
> **Saca copias de la hoja de trabajo - El Pecado**, que se encuentra en el texto de Adán y Eva 2: ¡Independencia! Una cada tres personas.

LÍDERES POSMO: UN AÑO ENTERO CON LOS HÉROES DE LA BIBLIA

▶ CONTENIDOS

Estudio en grupos pequeños acerca del pecado. Divide a los participantes en grupos de a tres. Asegúrate de que cada grupo tenga acceso al texto bíblico y algo con qué escribir. Dales una copia de la hoja de trabajo. Explícales que en sus grupos van a leer la hoja que recibieron y contestar las preguntas. Cuando terminen compartirán algunas respuestas con el grupo grande. Recuérdales que deben contestar tomando como base el texto bíblico y la cita de las notas de orientación.

1. ¿Qué cosa llamativa le prometió Satanás a Eva en Génesis 3:5? Respuesta: Que cuando comieran de aquel árbol se les abrirán los ojos y llegarían a ser como Dios, conocedores del bien y del mal.

2. De acuerdo con Génesis 3:6, ¿qué tres motivos convencieron a Eva de comerse la fruta? Respuesta: a. Que era buena para comer. b. Que tenía buen aspecto. c. Que era deseable para adquirir sabiduría.

3. De acuerdo con la hoja de trabajo «El pecado», ¿en qué consistía la tentación, más allá de comerse una fruta? Respuesta: Se trataba de un acto de desobediencia al mandato de Dios de no comer de aquel árbol. Fue una rebelión contra la autoridad soberana del Señor. Constituyó una declaración de independencia, una determinación de sustraerse de la jurisdicción de Dios y de su autoridad. Fue, en definitiva, ceder a la tentación de constituirse en dioses ellos mismos.

4. ¿Cuál es la esencia del pecado? Respuesta: El pecado es siempre la actitud de desobediencia, rebelión, independencia, que el ser humano toma ante Dios y su autoridad.

5. ¿Qué se pone de manifiesto a través de las conductas pecaminosas? Respuesta: El problema más profundo del corazón del ser humano.

6. ¿Qué peligro corremos si nos enfocamos en los síntomas en vez de ir a la raíz de una enfermedad? Respuesta: Ignorar la causa, y si no la tratamos, seguirá perjudicando a la persona.

7. ¿Qué peligro corremos si ignoramos la raíz del pecado? Respuesta: Dejamos intacto y sin tocar el problema de fondo, el corazón rebelde e independiente de Dios. Podemos modificar el exterior y no cambiar nada en el interior.

Cuando veas que la mayor parte de los grupos ha terminado, solicita a cada equipo que lea una respuesta. Si no abarcara una parte importante de lo que está escrito arriba, maneja la situación con gentileza, pero asegúrate de llevar la conversación hacia la respuesta adecuada, de preferencia por medio de la participación de otros grupos o guiándolos al texto para que observen las respuestas allí.

▶ CONCRETAR

Dinámica *Raíz o Fruto*: La idea de esta dinámica es recalcar la diferencia que existe entre los síntomas del pecado y su origen. Funciona como un programa de juegos de la televisión: Habrá dos equipos, cada uno elegirá un representante. Los dos representantes se pararán enfrentados junto al conductor que les entregará dos paletas a cada uno, una dirá *Raíz* y la otra, *Fruto*. El conductor mencionará una palabra y los representantes rápidamente escogerán y levantarán su respuesta (*Raíz* ó *Fruto*); el conductor señalará quién contestó primero, indicará si la respuesta fue la correcta y concederá los puntos. Un asistente tomará nota del puntaje y ayudará a ver quién fue el primero. El resto del equipo aplaudirá y alentará a su representante.

La persona que dirige la dinámica explicará las reglas y hará ver la conexión con el tema de la reunión: *Como hemos visto en la vida de Adán y Eva... Ahora voy a decir una palabra y tienen que decidir si se trata de **Raíz** o **Fruto** (o sea, si es la causa del pecado o un síntoma) y levantar la paleta correcta. La persona que la levante primero y tenga la respuesta correcta, ganará dos puntos para su equipo, pero si contesta mal, perderá un punto y el otro representante lo obtendrá, si es que hubiera contestado bien. Si la segunda persona también hubiera contestado mal, nadie se llevará ese punto, pero la primera persona perderá un punto.*

Recursos necesarios

Fabrica: 4 carteles con 4 paletas 2 con la palabra RAIZ y una imagen ilustrándola y 2 con la palabra FRUTO y su imagen. Puedes usar un círculo de cartón o papel pegado a la paleta.

Lista de palabras en orden aleatorio.
Raíz: Desobediencia, rebelión, independencia, no confiar en Dios querer lo mejor para uno mismo, orgullo.
Fruto: mentira, avaricia, pornografía, enojo, insultos, chisme, corrupción, sexo fuera del matrimonio, enemistades, peleas, envidia, discordias, borracheras, indecencia,

Compra: Premio para el equipo que gana.

Antes de empezar, pide que todos alienten al representante de su equipo. Cuando terminen de jugar, premia al equipo ganador.

▶ CAMBIO

Se propondrá una experiencia de meditación y confesión para que los participantes analicen el estado de su corazón, valorando si sigue siendo un corazón rebelde, y pidiéndole a Dios que les dé un «corazón de carne». Ármala de acuerdo al lugar, a tus posibilidades musicales y visuales, y a las costumbres de tu grupo. Pero que incluya las siguientes actividades:

> **Recursos necesarios**
>
> **Busca: una piedra** para cada participante. Este será un tipo de obsequio/recordatorio, así que si puedes encontrar algo agradable, mejor.

- Explicar que pasarán un tiempo privado de reflexión y confesión.
- Leer Salmo 139:23, 24 como oración de apertura.
- Mientras se reparte una piedra a cada participante, leer Ezequiel 11:18-21 (Si tienes un proyector, puedes hacer que los textos corran despacio por la pantalla para que se los pueda ver y oír). Dales unos minutos para analizar si tienen un corazón rebelde que busca independizarse de Dios, o si es «de carne», sensible, receptivo, entregado a él.
- Terminar leyendo juntos Salmo 51:10-13 o cantando canciones que inspiradas en ese texto.

ADÁN Y EVA 3: LA VERGÜENZA DE LA DESNUDEZ

Trabajo previo para el líder

- ☐ Lee Génesis 3 y 4
- ☐ Lee las notas de orientación
- ☐ Anota los puntos de la lectura más pertinentes para tu grupo

Objetivos

- Ser capaz de explicar cómo se evidencia en el texto bíblico la ruptura en la relación del hombre con Dios, del ser humano consigo mismo, en la relación con otros seres humanos, y con la creación
- Asumir que la culpa hace que uno huya de Dios
- Ser consciente de que la rebelión contra Dios es la razón del propio conflicto interior
- Darse cuenta de que el pecado quiebra las relaciones y hace que unas personas abusen de otras
- Percibir que hemos dejado de ser administradores y nos hemos convertido en depredadores
- Analizar en qué medida se evidencian las cuatro rupturas en la experiencia de cada uno como ser humano.

Formato de la Reunión

▶ CONECTAR

Presentar el drama *Trotatiempos te lleva a: El Jardín de Edén,* disponible en *www.especialidadesjuveniles.com/lideresposmo*. Es posible presentarlo a través de un video producido de antemano, como obra de teatro o simplemente como audio-drama con un narrador.

LÍDERES POSMO: UN AÑO ENTERO CON LOS HÉROES DE LA BIBLIA

▶ **CONTENIDOS**

Estudio inductivo de Génesis 3. Pide que abran sus Biblias en Génesis 3 y que de forma personal, revisen el texto y anoten las evidencias concretas de ruptura en la relación con Dios, con uno mismo, con los demás y con la creación, que allí se mencionan. Cuando observes que la mayoría ha terminado, guía a que compartan sus respuestas con el grupo grande. En la puesta en común anota lo que vayan diciendo en una pizarra o cartel. Cuando acaben agrega lo que no se haya mencionado. Si se incluyó algo que no aparece en la Biblia (la presencia de mosquitos, por ejemplo), pregúntales en qué lugar de las Escrituras encuentran eso.

> **Recursos necesarios**
> **Ten: Biblias extras** para los que las necesiten. Pizarra o cartulina y un marcador para anotar las respuestas.

Ruptura con Dios (huyen de su presencia, se esconden, hay un distanciamiento, sienten vergüenza, tienen dudas, hay rebeldía, están incómodos con la cercanía y transparencia ante Dios, hay falta de agradecimiento)

Ruptura con uno mismo (sienten vergüenza, miedo, culpabilidad, incomodidad con la transparencia moral, espiritual y física, se produce conflicto interno, dolor)

Ruptura con los demás (se vuelven el uno contra el otro, se echan la culpa en vez de apoyarse mutuamente, se produce un distanciamiento, hay enojo, cada uno busca salvar el pellejo a costa del otro, unos seres humanos dominan a los otros)

Ruptura con la creación (la tierra se vuelve maldita, el ser humano deja de ser cuidador y administrador de la creación y se convierte en un depredador, por ejemplo, un animal tiene que morir para proveerles vestimenta)

▶ **CONCRETAR**

Producción de carteles que demuestren las cuatro rupturas. Pídeles que se junten de nuevo con las personas con las que elaboraron el cartel del mundo ideal. Una vez en sus grupos, indícales que deben

> **Recursos necesarios**
> **Compra: 4 hojas** tamaño póster, una pizarra o cartulina. Escribe en cada póster el título de un área de ruptura.
> Un mínimo de **12 marcadores (3 por equipo)** de varios colores.
> **Cinta** adhesiva transparente.

confeccionar una lista de las maneras concretas en las que se evidencia la ruptura en su área. Dales dos minutos para hacer la lista y después explícales que contarán con diez minutos más para crear un nuevo cartel que ilustre las rupturas que acaban de registrar (pueden revisar su cartel de armonía si es que el contraste los ayuda en el proceso creativo).

Al finalizar, cada grupo presenta y explica su póster. Pegar cada uno debajo o al lado del cartel correspondiente (de armonía).

▶ **CAMBIO**

A. **Hoja de trabajo *Agente Secreto*, disponible en** www.especialidadesjuveniles.com/lideresposmo. Repartir una copia por persona. Explicar que dispondrán de cinco minutos para completarla de forma personal y que no van a tener que compartir sus respuestas.

> **Recursos necesarios**
>
> Saca copias de: la hoja de trabajo *Agente Secreto*, una para cada persona. Ten a mano media hoja de papel por persona y cinta adhesiva.

¿Cuán identificado te sientes con cada una de las siguientes frases? Elige la opción que mejor te represente en un rango de 0 (nada) a 4 (totalmente).

Ruptura con Dios: Me siento distante de Dios. Me incomoda pensar que él conoce cada una de mis acciones, pensamientos y motivaciones. Las instrucciones en la Biblia me provocan dudas y/o rebeldía. Estoy resentido por lo que él no me ha dado en lo económico, físico, familiar, en cuanto a talentos, y en el ámbito social e intelectual.

Ruptura conmigo mismo: Experimento vergüenza y sentimientos de culpabilidad. Me incomoda o me provoca temor la transparencia moral y espiritual. Vivo con miedos. Experimento emociones dañinas, conflictos emocionales interiores y/o dolores físicos.

Ruptura con los demás: La gente me ha lastimado emocional o físicamente. A propósito o sin querer, he hecho daño emocional o físico a otros. Hay personas que se han aprovechado o me han dominado. Les he echado la culpa a otros cuando la responsabilidad la tenía yo.

Ruptura con la creación: No tengo muy en claro lo que significa ser «administrador de la creación». No tengo presente cuál es mi responsabilidad hacia ella. Me he quedado corto en cuanto al cuidado de la creación. No valoro las plantas y los animales silvestres que me rodean.

B. Confesión ilustrada. Entregarle a cada persona la mitad de una hoja de papel en la que pueda dibujar o escribir ya sea un poema, una carta a Dios, o hacer una ilustración a modo de confesión por haber sido agente de destrucción. Al terminar, tendrá que llevar la hoja a la pared en la que se encuentran los carteles de los efectos de las rupturas y pegarla junto a uno de ellos. Anímalos a realizar esta actividad con una actitud de confesión ante Dios.

Al finalizar, recuérdales que estas acciones son los frutos y no la raíz, pero que la raíz de rebelión da frutos que son las acciones, y que estas acciones nos destruyen a nosotros mismos y lo que nos rodea. Termina con una oración o canciones de arrepentimiento.

ADÁN Y EVA 4: UN PROYECTO FRACASADO Y UN PROYECTO RESTAURADO

Trabajo previo para el líder
- ☐ Lee Romanos 5:12-21
- ☐ Lee las notas de orientación
- ☐ Anota los puntos de la lectura más pertinentes para tu grupo

Objetivos
- Saber definir qué significan los conceptos de nueva humanidad y nueva creación
- Ser conscientes de que el Señor nos invita a ir tras él para colaborar en la construcción del Reino

Formato de la Reunión

▶ CONECTAR

Historias en las que las cosas se invierten dramáticamente. En grupos de a tres, que los participantes identifiquen historias de la cultura popular. Pueden ser de la historia, de la literatura o de una película, que terminen con una inversión dramática para bien. Darles un ejemplo con el que todos estén familiarizados. Una vez que hayan definido la historia, tendrán que anotar los factores que hicieron que la situación se revirtiera. Hacer una puesta en común para escuchar las respuestas de varios grupos.

Damos un ejemplo para que se entienda a qué apuntamos: Tomemos el final de la película *Las dos torres* (la segunda de la trilogía de *El Señor de los Anillos*); la batalla en el Abismo de Helm está muy complicada para los miembros de la Comunidad del Anillo, pero cuando parece que no hay esperanza, llegan refuerzos inesperados y logran derrotar a sus enemigos. El factor que hace que la situación se revierta son los aliados, Gandalf junto a un ejército cambian el rumbo de la batalla y unas criaturas arbóreas terminan con los enemigos de una vez por todas.

LÍDERES POSMO: UN AÑO ENTERO CON LOS HÉROES DE LA BIBLIA

▶ CONTENIDOS

Basándose en la Biblia y en las notas del estudio Adán y Eva 4, el líder dará un mensaje que destaque la inversión dramática que se produce en la historia humana gracias al *segundo Adán*, Jesús. Usar una linterna para mostrar el doble rol de Jesús:

Recursos necesarios
Ten a mano: Una linterna.

- Así como la linterna arroja luz, Jesús nos muestra que el nuevo ser humano es un agente de restauración en vez de destrucción. Esa *luz para el camino* nos da esperanza y dirección.

- Del mismo modo en que la linterna depende de una pila para funcionar, nosotros dependemos del poder de Dios para convertirnos en ese ser humano 2.0. Por nuestras fuerzas somos una linterna sin pilas (Romanos 3:10, 11, 23), pero: «*Todo lo puedo en Cristo que me fortalece*» (Filipenses 4:13).

▶ CONCRETAR

Estudio inductivo acerca de la humanidad y el mundo 2.0: La idea es que los participantes creen un collage que simbolice la manera en que podemos colaborar con Jesucristo siendo agentes de restauración del mundo caído.

Recursos necesarios
Compra: 4 hojas tamaño póster o cartel.
Marcadores Rojos.
Cinta adhesiva *no* transparente.
Prepara: Tiras de papel con los versículos.

Instrucciones para los líderes: 1) Pide que se junten de nuevo con las personas con las que elaboraron los carteles de armonía. **2)** Una vez en sus grupos, cada uno tendrá que usar su propia Biblia. Allí se les distribuirán los versículos que indicamos a continuación, de acuerdo con la composición del grupo. Hay cinco o seis versículos para abordar cada una de las rupturas, así que diles a los chicos que deberán repartirse los versículos de manera que cada dos o tres personas tengan algo que buscar en la Biblia. **3)** Entrega los versículos al grupo correspondiente junto con algo de cinta adhesiva de papel y un marcador rojo. Utiliza marcadores de color rojo para simbolizar la sangre de Jesús, el segundo Adán. Es solo por lo que él hizo en la cruz que tenemos la opción de ser agentes de restauración. **4)** Mientras ellos trabajan en grupo con los versículos, el equipo organizador tomará los carteles rasgados que ilustran el mundo ideal y pondrá los pedazos en el piso frente al cartel que grafique la ruptura correspondiente. Los carteles aún deben tener pegados los papelitos de confesión (véase la ilustración). **5)** Cuando los grupos terminen de escribir en los trozos de cinta pueden usarlos para *reconstruir el mundo ideal sobre el mundo caído* (véase la ilustración). **6)** Cuando terminen de reparar su *mundo ideal* usando las cintas, sugiéreles que miren las obras de los otros equipos.

Las instrucciones para los grupos:

Primera parte: Júntense con los chicos con los que elaboraron los carteles. En parejas o grupos de tres, lean los versículos y escriban en trozos de cinta adhesiva palabras o frases de los versículos que se relacionen con la nueva humanidad y el nuevo mundo.

Segunda parte: Al terminar de escribir las frases en las cintas, júntense con el grupo con el que trabajaron una de las áreas de ruptura del ser humano y usen las cintas con las palabras para *reconstruir el mundo ideal sobre el mundo caído* en la pared.

- **Ruptura con Dios:**
  Colosenses 1:21-22; Colosenses 2:13-14; Efesios 2:13; Romanos 8:28-30; Romanos 4:23-25
- **Ruptura con uno mismo**
  Efesios 2: 19-22; Efesios 4:11:-13; Efesios 4:14-15; Efesios 4:15,16; Romanos 6:4
- **Ruptura con los demás**
  Efesios 2:14, 17; Gálatas 4:19; Colosenses 1:28-29; Romanos 12:9-10; Romanos 12:14-20; Lucas 7:18-23
- **Ruptura con el cosmos**
  Romanos 8:19-21; Lucas 4:16-22; Colosenses 1:19-20; Juan 3:16; 2 Corintios 5:18-21

Al terminar, puedes usar una o más de estas preguntas para sacarle jugo a la actividad:
- ¿Qué significa lo que acabamos de hacer?
- Este collage es una metáfora. ¿Qué comunica?
- ¿Qué representa la cinta con frases en rojo?
- ¿Qué podemos aprender del collage?

▶ **CAMBIO**

Entrega a cada participante una copia de la hoja de trabajo y pide que la completen y te la entreguen. Guárdalas y úsalas después para 1) discernir las necesidades específicas del grupo, y 2) festejar los avances que hayan experimentado los participantes en la reunión de Cierre y Celebración.

> **Recursos necesarios**
>
> **Saca copias de: la hoja de trabajo** *Del fracaso a la restauración*. Una para cada persona.

Termina el retiro con un tiempo para comprometerse a colaborar con Dios como agentes de restauración.

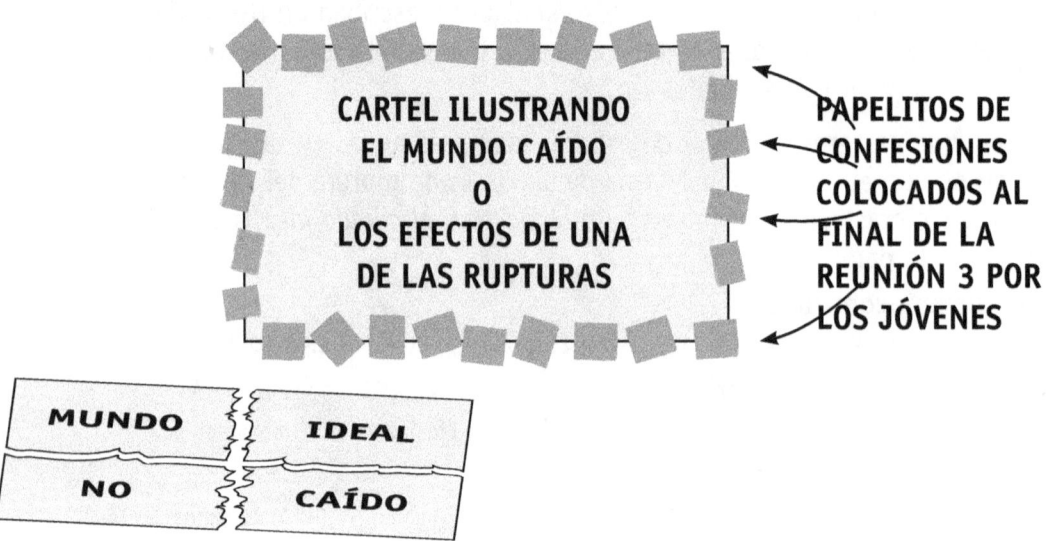

Aquí ves la obra final con el cartel del mundo SIN las 4 rupturas colocando cintas con frases en rojo sobre el cartel del mundo caído y los papelitos de las confesiones

CAMPAMENTO

Seguir a Jesús implica resistir muchas presiones de adentro y de afuera. Estas presiones aumentan en la sociedad actual, que tiene una forma de ver la vida muy diferente de la que plantea Dios. Un campamento provee el ambiente propicio para profundizar en temas como: Las fuentes de presión y tentación, cómo eso afecta a los participantes, y cuáles son las consecuencias que deberán afrontar si las resisten y si no lo hacen.

Proponemos que diseñes un programa que aborde los siguientes estudios:

1. LA PRESIÓN 1–SAÚL
2. LA PRESIÓN 2–SADRAC Y AMIGOS
3. EL DESEO 1–SANSÓN
4. EL DESEO 2–DAVID
5. EL DESEO 3–AMNÓN

Los tratados *La presión en la sociedad posmoderna* y *El deseo en la sociedad posmoderna* sirven como orientación al tema que se abordará en los personajes sucesivos.

En la página web *www.especialidadesjuveniles.com/lideresposmo* encontrarás el drama *Trotatiempos* y preguntas para los grupos pequeños que te resultarán útiles para profundizar estos temas en un ambiente de intimidad y confianza.

GRUPO GRANDE

EL PAPEL EDUCATIVO DEL GRUPO GRANDE

La característica que define este acercamiento educativo no es tanto su tamaño sino su diversidad. El grupo de jóvenes, como generalmente se lo conoce, se compone de personas de edad, madurez personal, compromiso espiritual, procedencia social, gustos e intereses variados; y por lo tanto, presenta necesidades diferentes. Tomando en cuenta esta realidad, el grupo grande cumple cinco funciones importantes en el crecimiento de la persona.

1. Función espiritual

Las manifestaciones de la vida cristiana (la oración, la adoración, la alabanza y la celebración del privilegio de tener una relación personal con el Señor) son comunes a todo creyente y hasta se pueden potenciar si se las experimenta junto a un grupo más grande.

2. Función psicológica

Dado que los jóvenes y adolescentes están en proceso de desarrollar su identidad, la necesidad humana de pertenencia a un grupo resulta algo muy importante para ellos.

3. Función integradora y de preparación para la vida eclesial

El grupo grande es un espacio perfecto para que adolescentes y jóvenes puedan servir a la comunidad de fe mientras identifican, desarrollan y ejercen sus dones. Para cumplir con este propósito es importante facilitar al máximo la participación del mayor número posible de jóvenes en cada una de las reuniones.

4. Función de proporcionar compañerismo y ocio

El grupo puede ofrecer una calidad de compañerismo y relaciones sanas y genuinas que no es posible encontrar fuera de un ambiente cristiano o, al menos, así debería ser.

5. Función evangelística

Este enfoque es bastante común en programas evangelísticos pensados para amigos y conocidos no cristianos, pero hay que recordar que lo que da credibilidad al mensaje del evangelio es la comunidad cristiana. El grupo de jóvenes puede constituir un increíble imán que atraiga a las personas no cristianas al conocimiento del Señor Jesús cuando su vida y testimonio refuerza la palabra compartida verbalmente.

CAÍN

Trabajo previo para el líder
- ❏ Lee Génesis 4
- ❏ Lee las notas del autor acerca del Caín.
- ❏ Anota los puntos de la lectura más pertinentes para tu grupo

Formato de la Reunión

▶ CONECTAR

Presenta el drama *Trotatiempos te lleva al Oeste de Edén,* disponible en la página web *www.especialidadesjuveniles.com/lideresposmo*. A continuación del drama, sin dar ni solicitar ningún comentario al respecto, organiza al grupo para jugar a las *sillas musicales*.

Sillas Musicales o el juego de las sillas: Si no recuerdas cómo jugar, búscalo en Internet. Este juego de niños sirve para involucrar los sentimientos de los participantes, resaltar la idea clave de la reunión y estimular conversación acerca del tema.

Después de jugar, pregunta: *¿Qué conexión ves entre este juego y la historia de Caín y Abel?* (Respuestas posibles: Te incita a tener lo que el otro tiene; los dos muestran egoísmo; pones tus intereses o sentimientos primero).

▶ CONTENIDOS

Basándose en la Biblia y en las notas del estudio *Caín*, el líder da un mensaje que resalta los siguientes puntos:

- Pecado no es únicamente lo malo que hago, sino lo bueno que dejo de hacer.
- Yo soy responsable ante Dios por mi hermano y sus necesidades.
- El síndrome de Caín es algo contra lo que todos los seres humanos luchan.

▶ CONCRETAR

De forma personal y en silencio, cada uno anota varios ejemplos de su entorno en los que perciba indiferencia a la condición del prójimo, es decir, aquellas acciones buenas que la gente debería realizar, pero no hace, o aquellas en las que se da algún tipo de maltrato, ya sea emocional o físico.

> **Recursos necesarios**
>
> **Compra:** Hojas de papel. Marcadores. Cinta adhesiva.

Después, pídeles que se junten con otros tres chicos para comparar sus listas e ilustrar o anotar los ejemplos más trascendentes. Invítalos a pegar sus dibujos en una pared agrupándolos según grafiquen el *hacer mal a otro* o el *dejar de hacer el bien*. Dales un momento para que vean lo que los otros equipos hicieron. Si tienes tiempo extra proponles que expliquen sus dibujos.

▶ CAMBIO

Invítalos a identificar una situación concreta en la que ellos personalmente:

1. hagan el mal que no deberían
2. se desentiendan de lo bueno que tendrían que hacer

Deben anotarla y al lado colocar una manera concreta en la que piensan afrontar de manera diferente la situación en el futuro. Explícales que durante la semana van a dar seguimiento a ese tema en su grupo pequeño o en el tiempo con su mentor.

Cierra con una oración pidiendo que Dios los ayude a llevar a cabo este cambio que desean ver en sus vidas.

REUNIONES DINÁMICAS PARA UNA SEMANA

ENOC

Trabajo previo para el líder
- ☐ Lee Génesis 5
- ☐ Lee las notas de orientación
- ☐ Anota los puntos de la lectura más pertinentes para tu grupo

Formato de la Reunión

▶ CONECTAR

Acción: Mostrar el video *Jesús versus Religión: Por qué odio la religión, pero amo a Jesús*, de Jefferson Bethke (Búscalo en YouTube o usa el link http://youtu.be/e2sR3Umm9OA). Si no hay forma de pasar un video, o si quieres hacer copias del texto, está disponible en la página web *www.especialidadesjuveniles.com/lideresposmo*.

Reflexión: Preguntarle al grupo

- ¿Qué impresión te deja este video?
- ¿Con qué estás de acuerdo?
- ¿Con qué no estás de acuerdo?
- ¿Cuáles son las diferencias que observas entre mantener una relación personal con Dios y la iglesia como institución?

▶ CONTENIDOS

Prepara una meditación que explique la vida de Enoc y lo que significa de forma práctica que él «caminara con Dios». Destaca lo que podría significar para nosotros la presencia de Dios en la vida cotidiana.

▶ CONCRETAR

Acción: Divide el grupo en dos equipos. (Para grupos muy grandes: divídelos en equipos de no más de 10 a 15 personas. Si son 75 personas, vas a tener 5 grupos de 15. Recuerda que por cada equipo adicional necesitarás tiempo extra para que actúen y hagan la evaluación).

Tienen cinco minutos para preparar un sketch o un drama breve:

- que dure *2 minutos aproximadamente*
- del que participen todos los integrantes del equipo.

Escena: Una empresa de cine contrata a uno de los chicos para trabajar como vendedor de videocámaras. Durante el entrenamiento se explica que los empleados deben evitar hablar de temas políticos, religiosos o sexuales dentro del entorno laboral, tanto con sus colegas como en su interacción con los clientes.

Grupo A) Pensar un sketch o un drama que muestre lo que significa ser un empleado que «**camina con Dios**» (que **tiene** una fe integrada a su vida cotidiana).

Grupo B) Pensar un sketch o un drama que muestre lo que significa ser un empleado que «**no camina con Dios**» (que **no tiene** una fe integrada a su vida cotidiana).

Al terminar, presentarán sus obras.

Reflexión: Después de cada actuación, dialogar con el grupo acerca de lo que observaron en el drama. A través de un debate, considerar cómo sería vivir una fe íntegra (el texto del video anteriormente visto puede ser de ayuda para encontrar ejemplos concretos).

▶ **CAMBIO**

Sugiere que todos cierren sus ojos y recreen una situación difícil que hayan vivido la semana anterior. Ahora, deberán imaginarse en medio de la misma situación, pero con Jesús parado a su lado. ¿Qué hubieras dicho? ¿Qué crees que el otro te habría dicho?

Piensa e identifica algo que puedas hacer durante el día para recordar que Jesús está presente contigo.

REUNIONES DINÁMICAS PARA UNA SEMANA

JEFTÉ

Trabajo previo para el líder
- ☐ Lee *Jueces 10-11*
- ☐ Lee las notas del orientación
- ☐ Anota los puntos más pertinentes de la lectura para tu grupo

Formato de la Reunión

▶ CONECTAR

Dar tiempo para que cada persona **piense en algo que se esforzó por hacer o preparar, pero después se dio cuenta de que no debía haberlo hecho.** Puede ser algún asunto relacionado con el trabajo, la escuela, la iglesia, la familia, o un quehacer doméstico.

Si hubiera más de quince personas en el grupo, que formen parejas y compartan sus anécdotas. Solicita algunos ejemplos para que todo el grupo los escuche. *Si hubiese menos de quince,* que todos compartan sus experiencias en el grupo grande. Después tendrán que contestar: ¿Cómo te hizo sentir el llevar a cabo algo innecesario? ¿Te perjudicó de alguna forma? Si es así, ¿de qué manera?

▶ CONTENIDOS

Dramatización de la historia de Jefté: Elige individuos para representar los siguientes personajes: Pueblo de Israel; Jefté, sus hermanos, el rey de los amonitas, la hija de Jefté, las amigas de la hija. Que pasen adelante o que se paren para actuar mientras el líder lee Jueces 10:6-17; 11:1-40. (Usar una versión de la Biblia actual o coloquial que resulte fácil de entender, o escribir un guión que simplifique los versículos 11:14-27).

Luego pídeles que debatan por parejas: ¿A Dios le agradó el sacrificio de Jefté? ¿Por qué? Invita a que algunos compartan sus opiniones. Escucha sus respuestas e interactúa con ellas de acuerdo con lo que aprendiste en las notas de orientación.

▶ CONCRETAR

De forma individual, anotar de tres a cinco actividades espirituales o religiosas específicas que realice alguien que conozcas personalmente (pueden ser actividades cristianas o de cualquier otro tipo de espiritualidad). Al lado de cada actividad anotar lo que la gente espera como resultado de aquella actividad. Por ejemplo: Al diezmar, esperan que Dios los bendiga.

Al finalizar, formar grupos de a tres personas e intercambiar esas listas. Dales unos cinco minutos para escribir, al lado de las actividades y expectativa que anotó su compañero, si estas aparecen en la Biblia de manera **explícita** (de forma clara y directa), **implícita** (se dan a entender de forma indirecta), o si **no están**. Cuando terminen, que le devuelvan las hojas al compañero.

Solicita que algunos de los chicos compartan una de las actividades de la lista que trabajaron, con la correspondiente expectativa, y que expliquen también de qué forma aparecen en la Biblia. Coordina este momento de acuerdo al tiempo del que dispongas, pero sería bueno tener, al menos, un ejemplo de cada tipo: explícita, implícita y de la que no se encuentra en la Biblia. Esta actividad resultará útil para conocer mejor lo que los chicos creen y cuánto saben de las Escrituras. Aprovecha los comentarios para guiarlos hacia los objetivos de convicciones y conductas de la lección.

▶ CAMBIO

Canten algo que comunique la intención de conocer más a Dios.

Dales tiempo para meditar en las preguntas de aplicación.

- ¿Cómo sé si las decisiones que tomo son conforme a la voluntad y el carácter de Dios?
- ¿Qué hago para saber si mi actividad religiosa es coherente con el carácter del Señor y su voluntad?
- ¿Cómo identifico situaciones en mi vida en las que es posible que esté viviendo con expectativas o cargas que no provengan de Dios?

Cerrar el tiempo en oración.

CIERRE Y CELEBRACIÓN

ISAÍAS

▶ CONECTAR

Repaso a través del juego *Dígalo con mímica*. Anota en tiras de papel los nombres de los personajes estudiados durante la serie *Líderes Posmo* y colócalos en un recipiente (usa un mínimo de 10). Divide el grupo en equipos. Invita a un participante de cada equipo a pasar al frente, y dale uno de los nombres. El resto tendrá un tiempo limitado (1 minuto por ejemplo) para ayudar a su equipo a adivinar el personaje usando solo gestos y mímica. Si el grupo no lo adivinara en el tiempo dado, el papel volverá al recipiente. Si lo hubieran adivinado antes, la persona podrá tomar otro papel y representar el personaje, pero tendrá que detenerse en cuato termine el tiempo.

Lleva el puntaje y otorga un premio al equipo ganador.

▶ CONTENIDOS

El líder compartirá un breve mensaje basado en el texto bíblico y las notas de orientación que anime a los participantes a recordar que:

- Su relación con Dios no puede desvincularse de su relación con el prójimo necesitado.
- Son llamados a edificar el reino de Dios, a colaborar para que este mundo sea lo que Dios soñaba y el pecado volvió irrealizable.

▶ CONCRETAR

Celebra lo que Dios ha hecho por medio de y en ustedes. Repasa las hojas de trabajo que realizaron con Adán y Eva 4: *Un proyecto fracasado y un proyecto restaurado,* y celebra en grupo el crecimiento en conocimiento, convicciones y conducta como agentes de restauración.

Consejos:

1. Prepara de antemano elementos que hagan partícipes de la celebración

a los cinco sentidos, por ejemplo, puedes incluir dulces, luces, música, confeti.

2. Es importante elogiar al grupo en general y no a individuos específicos.

3. Recuerda que la meta de la celebración es animar al grupo con respecto al comienzo de un proceso y no a su culminación. La idea es alentarlos a seguir siendo agentes de restauración en el mundo.

Pregunta al grupo: ¿Qué hemos hecho bien? Cuando varias personas hayan contestado, inquiere: ¿Qué más? De modo que se disponga de un buen tiempo para analizar los logros. Si alguien mencionara alguna crítica o algo que deberían haber hecho de forma diferente, vuelve a insistir en que la reunión de ese día tiene como objetivo la celebración. Recuérdales que Jesús, en sus parábolas de la semilla de mostaza y la levadura, no se enfocó en el tamaño de los cambios, de hecho esos elementos eran casi invisibles, sino se centró en la influencia que tendrían a largo plazo.

▶ CAMBIO

De cara al futuro: Que cada persona medite en las áreas en las que Dios lo haya sensibilizado ante las necesidades que lo rodean y que piense un plan de acción para aliviarlas.

GRUPO PEQUEÑO

EL PAPEL EDUCATIVO DE LOS GRUPOS PEQUEÑOS

Dos características definen este acercamiento educativo: 1) la cantidad reducida de participantes, y 2) la homogeneidad de ellos, es decir, que comparten algún rasgo común importante: edad, nivel espiritual, ministerio, situación social, o educativa. Por ejemplo, ser estudiantes universitarios. Estas similitudes favorecen el aprendizaje porque crean un grupo que logra:

- Suplir la necesidad de ser amados y de recibir un trato personal que tienen los chicos
- Potenciar la convivencia y el apoyo mutuo
- Abrirse a un ambiente que favorezca la participación y el aprendizaje
- Que el líder pueda conocer y satisfacer los requerimientos específicos de los integrantes
- Que se adecúe la enseñanza, tanto en los contenidos como en el estilo, a estas necesidades
- Una mejor aplicación, compromiso e implementación de la enseñanza bíblica

PREGUNTAS PARA PROFUNDIZAR EL APRENDIZAJE Y LA APLICACIÓN

La reunión de célula o grupo pequeño es el ambiente ideal para darle seguimiento a los objetivos establecidos para la reunión de grupo grande. Sugerimos una preparación y pedagogía sencillas.

Preparación:

1. Revisar los contenidos y objetivos de la reunión del grupo grande.
2. Seleccionar algunos de ellos para trabajar

LÍDERES POSMO: UN AÑO ENTERO CON LOS HÉROES DE LA BIBLIA

Pedagogía:

1. Repasar los contenidos de forma interactiva
2. Estimular la aplicación a la vida

A continuación te proveemos algunos ejemplos. El capítulo 13 de *Raíces* contiene ideas acerca de cómo conducir el grupo, y cómo superar los diez problemas más comunes a la hora de liderar un grupo pequeño.

▶ ESTUDIO 5: CAÍN - *INDIFERENCIA*

Objetivo:
Dar seguimiento al tema de identificar necesidades del entorno cercano y hacer el compromiso de no desentenderse de ellas.

Repaso de la lección:
Haz una reseña del compromiso que hicieron en el momento de *Cambio* en la reunión del grupo grande. Pide que cada persona explique la situación concreta en la que hace el mal que no debería, y se desentiende de lo bueno que tendría que hacer. Pregúntales qué se propusieron hacer al respecto y cómo les ha ido durante la semana. Felicítalos por los avances y anímalos a continuar en aquello que no han logrado aún.

Aplicación a la vida
Hoja de trabajo *¡No te desentiendas!*, disponible en *www.especialidadesjuveniles.com/lideresposmo*.

▶ ESTUDIO 24: JONÁS - *DE TURISMO AL SUR DE ESPAÑA*

Objetivo:
Analizar las situaciones de necesidad que hay en el entorno cercano. Dar pasos prácticos para involucrarse y lograr paliarlas, tanto a nivel personal como grupal, en la medida de sus posibilidades.

Repaso de la lección:
Hoja de Trabajo: *¿Qué provoca tu compasión?*, disponible en www.especialidadesjuveniles.com/lideresposmo.

Después de que la lean y contesten, dialogar acerca de las siguientes preguntas:

- ¿Por qué es importante que el valor de una persona radique en el hecho de estar formado a la imagen y semejanza de Dios?
- Si no se admite el ser hechos a imagen de Dios como base para la dignidad humana, ¿qué otro sustento puede existir?
- ¿Cuáles son los peligros de perder la perspectiva bíblica del ser humano?
- ¿Encuentras algún paralelismo entre la experiencia de Jonás y tu propia vida?

Aplicación a tu vida:

Usa la última pregunta de la hoja de trabajo como disparador para que cada integrante identifique situaciones de necesidad en su entorno y dé pasos específicos y puntuales comprometiéndose con, al menos, una de ellas antes del próximo encuentro. Ayúdalos a definir acciones que resulten medibles y realizables.

ACOMPAÑAMIENTO ESPIRITUAL

EL PAPEL EDUCATIVO DEL ACOMPAÑAMIENTO ESPIRITUAL

El trabajo personal, o el uno a uno, resulta un ámbito insuperable para:

1. Lograr una variedad de objetivos educativos
   Se pueden comunicar contenidos en todos los acercamientos, pero la intimidad de este enfoque se presta para otros logros como: consolar, desafiar, motivar, abordar problemas personales y aconsejar.

2. Acercar los principios de la Biblia a las necesidades y contexto específico de la persona
   Durante el tiempo personal es posible conocer al individuo de tal forma que seamos capaces de acercar los principios de la Palabra de Dios a su situación específica y a sus características peculiares y personales. Muchas de las estructuras que hemos desarrollado carecen de este toque y proximidad personal.

3. Ser emocionalmente significativo para cada chico
   Una buena parte de la eficacia de nuestro ministerio depende de lo significativos que seamos para las personas en el ámbito personal y emocional. El tiempo uno a uno le permite al líder demostrar su interés por la persona y desarrollar una relación de confianza.

4. Trabajar con la persona real
   En el contexto de un grupo se dan ciertas dinámicas que hacen que los miembros interpreten un papel y que no sean completamente ellos mismos. En cambio, los encuentros personales favorecen que el chico sea más auténtico y exprese sus verdaderas actitudes, necesidades y preocupaciones.

UNA PROPUESTA PARA EL ACOMPAÑAMIENTO

Los objetivos elaborados en las notas de orientación te pueden servir de guía para aprovechar el tiempo a solas y darle cierta continuidad. Un modelo eficaz de acompañamiento es el *coaching*, es decir, asistir a las personas en su proceso de crecimiento de una forma no directiva, ayudándolas a fijar sus propias metas, desarrollar el propio itinerario a recorrer, identificar posibles obstáculos en el camino y las maneras de superarlos. A través del *coaching* se ofrece motivación, acompañamiento, desafío y rendición de cuentas. A continuación hay algunas preguntas que puedes emplear para salir del rol de *líder* y asumir el de *coach*:

- ¿Recibiste algo de parte de Dios durante la reunión con respecto a lo que él quiere que hagas? Si fuera así, ¿qué?
- ¿Qué progreso has hecho en ese sentido?
- ¿Qué nueva perspectiva tienes como resultado del estudio?
- ¿Qué implica para tu vida?
- ¿Qué pasos podrías dar de aquí en adelante?
- ¿Cuáles de estos pasos quisieras dar? ¿Cómo? ¿Cuándo?

SERVICIO

EL PAPEL EDUCATIVO DEL SERVICIO

La característica que define este acercamiento educativo es la acción a favor del mundo que nos rodea. Dios nos llama a colaborar con él en la restauración de toda la creación. El participar como verdaderos agentes de restauración no solamente constituye una respuesta a este encargo, sino que también nos permite alcanzar los siguientes logros educativos de forma singular:

1. Aprovechar al máximo las oportunidades de aprendizaje
2. Juntos enseñar, modelar y experimentar
3. Sembrar experiencias para toda la vida
4. Comunicar que lo más importante son las personas
5. Maximizar el potencial de los jóvenes a través de sus dones
6. Permitir que los chicos descubran su vocación o llamado
7. Llevarlos a que se involucren en desafíos de fe y vean a Dios obrar
8. Canalizar el sentido de aventura, riesgo y energía que tienen los jóvenes hacia el ministerio
9. Encontrar la oportunidad de proveer afirmación
10. Facilitar el proceso de delegar y multiplicar

Puedes encontrar más información en el artículo, ***Un quinto acercamiento educativo*** en www.especialidadesjuveniles.com/raíces/otros_recursos.htm.

LA CREACIÓN E IMPLEMENTACIÓN DE UNA ESTRATEGIA DE INTERVENCIÓN EN LA COMUNIDAD

La Estrategia: Los formatos de reunión para **Noé** y **Abraham** sirven como trampolín para establecer un contacto significativo con la sociedad. Proveen la oportunidad de plasmar los conocimientos y las convicciones adquiridos en conductas prácticas fuera de las paredes del lugar de reunión.

Es fundamental que el liderazgo no imponga ni la visión de la necesidad a la que se pretende apuntar, ni las estrategias para suplirla, sino que se esfuerce por poner de manifiesto los sentimientos e intereses reales de los participantes por medio de las actividades que están diseñadas para que aquellos emerjan. Esto requerirá que los líderes resistan la tentación de hacer sugerencias, aun, y tal vez especialmente, cuando sean «mejores» que las propuestas del grupo. Si la estrategia nace del interés que los participantes tienen por sus amigos y compañeros, eso constituirá un fuerte estímulo para el proyecto. De lo contrario, si las ideas provienen de los líderes, la actividad no llegará a tocar el nivel sentimental de los chicos, y tampoco se sentirían comprometidos con el plan. Si logras convertirte en un facilitador del proceso en vez del protagonista, los resultados en las vidas de los participantes y de la comunidad serán diferentes a largo plazo.

El plan: La reunión de Noé debería concluir determinando pasos prácticos que los participantes deberán implementar en la semana. Puedes enfocar esta sección hacia un proyecto grupal o de compromiso individual. Las *Guías* apuntan a que los chicos descubran los grupos o individuos que están trabajando con la problemática que identificaron, pero es fundamental que el plan resulte acorde a las particularidades del grupo y se relacione con lo que provocó entusiasmo o compromiso durante la reunión. No termines el encuentro de Noé sin que cada persona tenga en claro exactamente lo que tiene que hacer durante la próxima semana. Los principios plasmados en **Cómo preparar un campamento, encuentro o retiro** en *Raíces* p.184-187 pueden resultar de ayuda en la planificación.

Comunicación intrasemanal. Durante la semana que transcurra entre el estudio de *Noé* y el de *Abraham*, será importante estar en contacto con los participantes por mensajes, llamadas, o Facebook, recordándoles sus tareas y animándolos a asumir sus responsabilidades para que sea posible dar otro paso en la próxima reunión. También sugerimos intercesión puntual para todo este proceso. Que Dios les dé la compasión, el discernimiento y el coraje para salir de su zona de comodidad y ser luz en la oscuridad.

NOÉ

Trabajo previo para el líder

☐ Lee Génesis 6 y 7

☐ Lee las notas de orientación acerca de Noé

☐ Anota los puntos de la lectura más pertinentes para tu grupo

Recursos necesarios

1. Hojitas de papel con adhesivo (tipo «Post-It», cuadrados de 8 cm x 8 cm) 3 por participante
2. Lápices o bolígrafos
3. Cinta adhesiva
4. Cuatro hojas de papel
5. Marcadores
6. Diapositiva con el siguiente texto:

Problemas que impactan a mis familiares, amigos, vecinos, colegas y compañeros:

- ¿Qué les quita el sueño por la noche?
- ¿Qué les roba la esperanza?
- ¿Qué los desanima?

Formato de la Reunión

▶ **CONECTAR**

1. Identificar los principales problemas del propio contexto: Acércale a cada persona 3 cuadraditos de papel. Lee en voz alta el texto que aparece en la diapositiva y explícales que deben usar estas preguntas como disparadores para anotar en cada papelito una problemática que impacte a las personas que son importantes para ellos.

Cuando la mayoría haya terminado, pídeles que peguen lo que han escrito en una pared grande. Una vez que los diferentes «problemas» estén allí, todo el grupo deberá empezar a agrupar las situaciones parecidas. Es decir, si varias personas escribieron algo relacionado con el noviazgo, estos papelitos se tendrán que poner juntos. La idea es que sea un proceso participativo, pero como líder deberás estar atento a la forma en que se agrupan los papelitos para que las colecciones tengan coherencia. Es posible dejar hojitas aisladas con los temas que no se relacionan entre sí.

Cuando este proceso haya terminado, el líder le solicitará al grupo que le ponga un título a las colecciones más grandes, es decir, las que contengan más cuadraditos de papel. Luego se le pedirá a alguien que los escriba en las hojas grandes y que los pegue arriba de los grupos.

2. Imaginar cómo sería la situación si estos problemas se solucionaran: Una vez que el grupo vuelve a su lugar, el líder pregunta a los participantes cómo sería la situación si se resolvieran los problemas mencionados. Es muy importante esclarecer este punto para abrirse a posibles soluciones y resulta fundamental que las sugerencias se encuentren dentro de sus posibilidades. Escribir un resumen en la hoja que tiene el título del asunto que se trata.

▶ CONTENIDOS

El líder dirige una meditación basada en la historia de Noé y las notas de orientación:

- Destacar los paralelismos entre los tiempos de Noé y los nuestros.
- Enfatizar que tal y como Noé era luz en una sociedad hostil e indiferente a Dios, los seguidores de Jesús estamos llamados a ser agentes de luz y restauración en medio de la hostilidad de las tinieblas, y no en la comodidad de nuestros templos.

▶ **CONCRETAR**

Diseñar un futuro diferente. Divide a los participantes en grupos de cuatro personas. Cada grupo tiene que elegir una de las temáticas que está en la pared y realizar una lluvia de ideas acerca de cómo ayudar a que las personas que sufren esta problemática experimenten un futuro diferente. Anímalos a soñar como si los recursos de tiempo, dinero y otros más, no fuesen una barrera. Cuando veas que la mayoría tiene listas de más de cinco posibilidades, motívalos a elegir de esa lista las respuestas que sirvan para cambiar la realidad de ese problema.

En el grupo grande, escucha las respuestas de todos los equipos. Sugiere que alguien las apunte en una diapositiva u hoja grande de papel para que todos las puedan ver.

▶ **CAMBIO**

Comprometerse con un futuro diferente. Menciona que hay grupos e individuos que ya están supliendo necesidades en la zona de tu congregación, por lo tanto, anímalos a identificar durante la semana estas instituciones u organizaciones. Conviértete en un facilitador del proceso. Haz que los participantes creen un plan de acción para localizar todas las organizaciones sociales del barrio y descubrir la siguiente información:

1. Nombre de la institución u organización
2. Persona responsable
3. Cuál es su misión
4. Qué acciones desarrolla
5. Sus desafíos para este año
6. ¿Tienen voluntarios? Si es así:
   a. Qué acciones llevan a cabo
   b. Qué necesidades de voluntariado tienen en este momento

No finalices hasta que cada uno sepa claramente lo que le toca hacer.

Explícales que la próxima semana van a volver al tema de su rol en la sociedad y anímalos a mantenerse sensibles a las necesidades de su entorno para que tengan en claro lo que Dios quiere de cada uno de ellos.

ABRAHAM

Trabajo previo para el líder
- ☐ Lee Génesis 18:16-33
- ☐ Lee las notas de orientación de Abraham
- ☐ Anota los puntos de la lectura más pertinentes para tu grupo

Formato de la Reunión

▶ CONECTAR

Volver a pegar en la pared los carteles con los problemas de la comunidad y los seres queridos que elaboraron durante el estudio sobre Noé. La función del líder será convertirse en el facilitador de un tiempo de reporte acerca de lo que descubrieron sobre las organizaciones sociales del barrio. Si existiera alguna organización que tuviese objetivos o actividades específicamente dirigidos a alguna de las problemáticas que figuran en los cartelitos, escribir el nombre de la organización al lado de la necesidad.

Cuando finalice el reporte, disponer de un tiempo para hacer observaciones o comentarios. Después explicar: *La semana pasada nos enfocamos en el rol que cada uno tiene en la sociedad, hoy volveremos a abordar el tema pero enfocándonos en la actitud que debe caracterizar a aquellos que ejercen este rol: la compasión.*

▶ CONTENIDOS

Lectura del texto de Génesis 18:16-33 en formato de diálogo. Pide voluntarios que lean los diálogos de los siguientes personajes que aparecen en el texto bíblico: *narrador, el Señor, Abraham*. Cuando terminen, agradéceles y pregúntale a todo el grupo:

¿De qué forma Abraham demuestra la compasión en estos versículos?
(Se arriesgaba a negociar con Dios buscando la salvación de hombres y mujeres que, a los ojos del Señor, únicamente merecían la muerte como juicio por sus pecados).

La compasión no es una característica periférica en la vida cristiana, sino central; tiene que ver con quién es Dios y cómo es la gente que refleja su carácter. Para aclarar el panorama acerca de dónde aparece la compasión, crearemos y jugaremos a la Memoria.

Juego de Memoria: Divide el grupo en equipos de dos a seis personas. Procura que cada persona tenga acceso al texto bíblico y algo con qué escribir.

Reparte a cada integrante un juego de tarjetas o más: una tarjeta contendrá el nombre del personaje y la otra, la cita bíblica con espacio para que la persona pueda escribir una frase.

Indícales que deben leer el versículo y escribir en la tarjeta que contiene una cita bíblica una frase que explique de qué forma este personaje demuestra compasión.

En su equipo, deberán juntar todas las tarjetas, mezclarlas y colocarlas con la cara escrita hacia abajo formando un cuadrado.

Tomarán turnos para voltear dos cartas boca arriba. Si las dos cartas formaran una pareja, el jugador las retirará y se quedará con ellas; sin embargo, el turno pasará a la próxima persona.

Juegos de tarjetas	
Personaje	**Cita bíblica**
Padre del hijo pródigo	Lucas 15:20, 22-24
Buen samaritano	Lucas 10:33-35
Jesús	Lucas 23:33, 34
Moisés	Éxodo 32:30-32
Esteban	Hechos 7:57-60
Dios	Éxodo 34:6

Cuando los equipos terminen, pregunta:

- ¿Qué observaron acerca del lugar que ocupa la compasión en la persona de Dios?

- *¿Qué observaron acerca del lugar que ocupa la compasión en la enseñanza de Jesús?*
- *¿Qué observaron acerca del lugar que ocupa la compasión en los líderes del pueblo de Dios?*

Cierra el tiempo destacando lo que se observa en los textos anteriores: que la compasión forma parte del carácter de Dios y que cuando Jesús caminaba en la tierra esta actitud lo impulsaba a actuar a favor de las personas, sin importar si era gente buena o no. Puedes hacer referencia a la parábola del siervo despiadado en Mateo 18:21-35 para recordarles lo mal que es visto que alguien que ha recibido misericordia no la tenga hacia los demás.

▶ CONCRETAR

¿Cómo se manifiesta la compasión? En grupos pequeños, que los chicos piensen en alguien que ejemplifique la compasión. Puede ser un personaje histórico o actual, pero de preferencia, que sea alguien conocido por los demás. Después de unos minutos, pide que un representante de cada grupo explique de forma breve a quién eligieron y de qué forma esta persona encarna la compasión.

▶ CAMBIO

1) En el grupo grande, hablar acerca de cómo se aplica esto a sus vidas: *Pensando en estas personas como modelos de compasión, ¿cómo podemos infundírsela a nuestro proyecto?* Que alguien tome nota de las respuestas en una pizarra u hoja de papel grande en la pared.

2) Crea un plan de intervención en la comunidad. Como grupo, elijan alguna de las organizaciones que necesite voluntarios y que se dirija a suplir una necesidad que resulte del interés de los participantes. Sigan los pasos que aparecen en *Cómo se hacen los planes*, disponible en el libro *Raíces*, p.237-239 para crear un proyecto para colaborar con esta organización, y de ese modo cumplir con la misión de ser sal y luz en este mundo quebrado.

si trabajas con jóvenes nuestro deseo es ayudarte

UN MONTÓN DE RECURSOS PARA TU MINISTERIO JUVENIL

Visítanos en
www.especialidadesjuveniles.com

 /EspecialidadesJuveniles   @ejnoticias

*Nos agradaría recibir noticias suyas.
Por favor, envíe sus comentarios sobre este libro
a la dirección que aparece a continuación.
Muchas gracias.*

*Vida@zondervan.com
www.editorialvida.com*